哈佛金頭腦

如何激發IQ玩出高智商

談旭◎著

目錄 Contents

PART 3 柯南來辦案

PART 4 腦筋急轉彎

PART 1

小叮噹的銅鑼燒

Q₁ 小叮噹的銅鑼燒

銅鑼燒是機器貓小叮噹最愛吃的食物。每當大雄想要小叮噹幫他達成願望時，都會用銅鑼燒當作誘餌誘惑它。

這天，大雄又被胖虎欺負了，跑回家來向小叮噹哭訴，要它用神奇口袋裡的工具幫他教訓胖虎一頓。小叮噹不肯，大雄再次拿出銅鑼燒作為條件，讓小叮噹口水都快流下來了。

但是它知道家裡的烤盤一次只能烤兩個銅鑼燒，並且媽媽烤一面需要的時間是 1 分鐘，於是說：「如果你能在 3 分鐘裡烤好三個銅鑼燒，我就幫你！」

大雄究竟能不能如願呢？

A

為了方便說明，先將待烤的銅鑼燒編號為 A、B、C，那麼烤的步驟可以這樣進行：

先將 A 和 B 兩個銅鑼燒各烤一分鐘。然後把 A 翻過來，將 B 取下來，換成 C；一分鐘後，A 已經烤好，將 A 取下換上 B，繼續烤沒有烤過的那一面，同時將 C 翻過來，這樣一分鐘過後，B 與 C 同時烤熟。三分鐘就烤好了三個銅鑼燒啦。

Q₂ 井底之蛙

一隻井底之蛙想出去見見世面，於是開始攀爬井壁。每爬一次就上升 3 米，但在再次攀爬前就會下落 2 米，已知井深 10 米，請問這隻青蛙攀爬幾次才能爬出井去？

9 次。

不要被題中的枝節所騙了，每次跳上 3 米滑下 2 米，實際上就是每次跳 1 米，因此 10 米花 10 次就可全部跳出，這樣想就錯了。因為跳到最後一次的時候，就出了井口，不再下滑了。

Q_3 國王的寶石

一位國王送給自己喜愛的三位公主共 24 顆寶石。這些寶石如果按三位公主 3 年前的歲數來分，可以正好分完。

小公主在三位公主中最聰明，她提出建議：「我留下一半，另一半給姐姐平分。然後二姐也拿出一半讓我和大姐平分。最後大姐也拿出一半讓我和二姐平分。」兩位姐姐稍加思索便同意，結果三位公主的寶石一樣多，三位公主到底是多大呢？

A

既然三人寶石的數量一樣，那最後每位公主都有 8 顆寶石，顯然這是大公主為自己留下的數目，那大公主分寶石前是 16 顆寶石，當時二公主和小公主手中應各有 4 顆寶石，由此推出二公主分出寶石前有 8 顆寶石，而小公主的 4 顆，有兩顆是二公主分出的，另兩顆是她第一次分配所餘，最初小公主的寶石就知道了是 4 顆。二公主得到小公主的 1 顆成為 8 顆，二公主最初是 7 顆，大公主自然是 13 顆寶石。

這是三位公主三年前的年齡，再給每人加 3 歲，於是可知小公主 7 歲，二公主 10 歲，大公主 16 歲。

蜜蜂到底有多少個同伴

一隻蜜蜂外出採花粉，發現一處蜜源，立刻回巢招來 10 個夥伴，可還是採不完。於是每隻蜜蜂回去各找來 10 隻蜜蜂，再採，還是剩下很多，於是蜜蜂們又回去呼叫同伴，每隻蜜蜂又叫來 10 個同伴，但仍然採不完。蜜蜂們再回去，每隻蜜蜂又叫來 10 個同伴。這次終於把蜜採完了。請算這次出動採蜜的蜜蜂一共有多少隻？

A

一共有 14641 隻蜜蜂。

第一次搬兵：1 + 10 = 11（隻）

第二次搬兵：11 + 11×10 = 11×11 = 121（隻）

一共搬了四次兵，所以蜜蜂的總數為：11×11×11×11 = 14641（隻）。

Q₅ 多少個男生

有 50 名學生參加聯誼，第一個到的女學生同全部男生握過手，第二個到的女生只差一個男生沒握過手，第三個到的女生只差 2 個男生沒握過手，以此類推，最後一個到會的女生同 7 個男生握過手。那麼你知道有多少名男生嗎？

A

這是和差問題。我們可以這樣想：如果這個班再多6個女生的話，最後一個女生就應該只與1個男生握手，這時，男生和女生一樣多了，所以原來男生比女生多（7－1）6個人！男生人數就是：（50＋6）÷2＝28（人）。

Q6 Lucky 7

$125 \times 4 \times 3 = 2000$ 這個式子顯然不對，可是如果在算式中放入兩個「7」，這個等式便可以成立，你知道這兩個 7 應該放在哪裡嗎？

A

在等號右邊加上數字「7」，可以變成 27000 或 20700，都是 4 與 3 的倍數；另外一個「7」，則只能放在 125 中。通過嘗試，答案為 $1725 \times 4 \times 3 = 20700$。

Q7 按時歸隊

有 3 個士兵請假出去玩，按規定他們必須在晚上 11 點趕回去。但是他們玩得太高興了，以至於忘了時間。等發現時，已經是 10 點過 8 分。

他們離營地有 10 千米的距離。如果跑著回去需要 1 小時 30 分，如果騎自行車回去要 30 分。但他們只有一輛自行車，並且自行車只能帶上一個人，所以必須有一個人要用跑的。他們能及時趕回去嗎？

A

能。首先，讓士兵甲跑步，士兵乙和丙騎車，騎到全程 2/3 處停下，士兵乙再騎車回來接甲，士兵丙這時跑步往營地趕。士兵乙會在全程 1/3 處接到甲，然後他們騎著車子往營地趕，可以和丙同時趕到營地。

按這種走法，他們需要用時 50 分鐘，可以提前 2 分鐘趕回去。

Q8 師兄弟賣瓷器

一位做瓷器很有名的老師傅有三個徒弟。一天他把三個徒弟叫來說：

「這裡有 90 件瓷器要賣，我替你們分好了，大徒弟拿 50 件，二徒弟拿 30 件，小師弟拿 10 件。賣的貴賤你們自己拿主意，但要保證你們三人賣的價錢一樣，最後你們三人都要交回 50 元。」

兩個大徒弟發愁了。東西有多有少，怎麼賣一樣多的錢呢？

小師弟想了想說：「別愁，這樣賣就行了。」

三人按著小徒弟的方法，真的各賣了 50 元回來，老師傅滿意地笑了。

你知道小師弟的主意是什麼嗎？

A

每人都從自己的瓷器中挑選出一些精品，大徒弟選出 1 件，二徒弟選出 2 件，小徒弟選出 3 件。餘下的每 7 件組合成一套，按 5 元一套的價格成套賣出。

大徒弟的 7 套賣了 35 元，二徒弟的 4 套賣了 20 元，小徒弟只 1 套賣了 5 元；精品按 15 元一件賣出，大徒弟得 15 元，二徒弟得 30 元，小徒弟得 45 元，價格還是一樣，而且每人都賣夠了 50 元。

Q₉ 小貓分魚

歡歡、樂樂、嘟嘟三隻小貓結伴去釣魚，牠們把釣到的魚都放在一個簍子裡，釣了一段時間大家都累了，於是都躺下睡著了。

過了一會兒，歡歡先醒來，看看同伴還在睡覺，便自作主張，將簍裡的魚平均分成三份，發現還多一條，於是將那條魚扔回河裡，拿著自己那份魚回家了。

樂樂第二個醒來，心想：怎麼歡歡沒拿魚就走了？不管牠，我將魚分一下。於是樂樂也將魚平均分成 3 份，發現也多一條，也將牠扔回河裡，拿著走了。

嘟嘟最後一個醒來，奇怪兩個夥伴怎麼都沒有分魚就走了，於是又將剩下的魚分成 3 份，也發現多一條，便也將牠扔掉了。

那麼你知道一開始最少有多少條魚嗎？

A

一開始最少有 25 條魚。解題思路是倒過來計算的：

（1）假定最後剩下的兩份為 2 條即每份 1 條，則在嘟嘟醒來時共有 4 條魚，在樂樂醒來時有 7 條魚，而 7 條魚不能分成兩份，與題意不符合；

（2）假定最後剩下的兩份為 4 條，即每份 2 條，則在嘟嘟醒來時共有 7 條魚，也與題意不符合；

（3）假定最後剩下的兩份為 6 條，即每份 3 條，則在嘟嘟醒來時共有 10 條魚，在樂樂醒來時有 16 條魚，而歡歡分出的三份魚中，每份有 8 條魚。

Q10 加錯頁碼

有一本 50 頁的書,把這本書的各頁的頁碼累加起來時,有一張紙的頁碼錯誤地多加了一次,得到的和為 1300,那麼中間多加的頁碼為多少?

A

從 1 頁到 50 頁,頁碼的和為 1 + 2 + 3 + 4 + ⋯⋯ + 49 + 50 = 1275,那麼多加的這頁為 1300 − 1275 = 25,25 = 12 + 13,所以多加的那張頁碼是 12 和 13。

Q11 得分

一場精彩的 NBA 籃球賽剛剛結束，球迷們便議論紛紛：

（1）選手們體力真棒，比賽中，雙方都沒有換過人。

（2）雙方技術都很高，得分最多的一名隊員獨得 30 分；有三名隊員得分不滿 20 分，並且他們所得的分數各不相同。

（3）客隊的個人技術相當接近，得分最多的和最少的只差 3 分。

（4）全場比賽中只有三名隊員得分相同，都是 22 分，而且他們不在一個隊。

（5）主隊的個人得分，正好是一組等差數列。

請根據以上資訊來推算這場球賽的具體結果。

A

解題步驟：

（1）主隊個人得分是一組等差數列，說明三名得 22 分的隊員中，只有一名在主隊；

（2）客隊個人得分上下只差 3 分，已知其中有兩人各得 22 分，可見得 30 分者不在客隊；

（3）在主隊個人得分的等差數列中，以 30 分為首項，22 分只能是中項，由此可推知主隊個人得分分別為 30、26、22、18、14 分；

（4）客隊個人得分除兩名得 22 分外，少於 20 分者只能是 19；

（5）根據條件 3 和 4，餘下兩名的得分數只能是 21 和 20。

綜合上述可知比賽結果為：主隊 110 分，客隊 104 分，贏 6 分。

Q12 你會算平均速度嗎

一人騎自行車在兩地之間走了一個來回。去時速度是每小時 15 公里，回來時，行車速度是每小時 10 公里，問這個人來回的平均速度是多少？注意，想一想再答。

A

如果你得到的答案是 12.5 公里就錯了，因為來回是等距離，平均速度應該考慮時間因素。我們假定距離是 30 公里，那麼可以算出回時間（30÷15）＋（30÷10）＝ 5，那麼平均速度 60÷5 ＝ 12（公里）。

Q13 聚會

有 7 個年輕人，他們是好朋友，每週都要到同一個餐廳吃飯，但是他們去餐廳的次數不同。大力士每天必去，莎莎隔一天去一次，米米每隔兩天去一次，瑪瑞每隔三天去一次，好好每隔四天才去一次，科特每隔五天才去一次，次數最少的是瑪奇，每隔六天才去一次。

昨天是 2 月 29 日，他們愉快地在餐廳碰面了，請問，他們下一次相聚會是在什麼時候？

A

七個年輕人隔許多天才能相聚一次，這個天數加 1 需能被 1 至 7 之間的所有自然數整除。1 至 7 的最小公倍數是 420，也就是說，他們每隔 419 天才能齊聚一堂。上次聚會是在 2 月 29 日，可知這一年是閏年。那麼第二年 2 月份就只有 28 天一種可能。由此推出，他們下次相聚是在隔年的 4 月 24 日。

Q14 走樓梯

某人要到 10 層樓的第 8 層辦事，不巧停電，從第 1 層走到第 4 層需要 48 秒，請問以同樣的速度往上走到第 8 層，需要多少秒才能到達？

A

如果你的答案是 48 秒就錯啦！

從第 1 層到第 4 層，和從第 4 層到第 8 層當然不一樣。第 1 層到第 4 層只走了 3 層樓梯，而從第 4 層至第 8 層卻要走 4 層樓梯。48÷3 ＝ 16（秒），這是走一層用的時間。從第 4 層到第 8 層用的時間應為 16×4 ＝ 64（秒）。

Q15 方丈的念珠

方丈胸前掛了一串念珠，每當念經時，方丈拿在手裡，3 顆一數，正好數盡；5 顆一數，餘 3 顆；7 顆一數，也餘 3 顆。你能猜出方丈的念珠一共有多少顆嗎？

A

假設念珠總數為 m，3 顆一數為 x 次，5 顆一數為 y 次，7 顆一數為 z 次。

那麼：m = 3x = 5y + 3 = 7z + 3

x = 5/3y + 1

y = 5/7z

能被 3 和 7 整除的最小數為 21，所以推算出 y = 21。

由此可知 m = 5×21 + 3 = 108（顆）。

Q16 柏樹的年齡

有株歲月已久的柏樹，樹上掛著一塊牌子，牌子上寫著：要問我今年多少歲，100 比我小，1000 比我大，從左往右，每個數字增加 2，各個數字之和是 21。

你知道它幾歲嗎？

A

從已知條件看，柏樹的年齡比 100 大比 1000 小，所以是三位數。又知個、十、百的數字和是 21，而且個位數比十位的數字多 2，十位的數字又比百位的數字多 2，則個位的數字比百位的數字多 4，因此得出：

百位的數字是 [21 －（2 ＋ 4）]÷3 ＝ 5，十位的數字為 5 ＋ 2 ＝ 7，個位的數字為 7 ＋ 2 ＝ 9，所以柏樹的年齡是 579 歲。

Q_{17} 要騎多快

郵差小謝騎車發送信件，計算了一下，每小時騎 10 公里，午後 1 小時能回到家；如果快一些，每小時騎 15 公里，午前 1 小時就能到家，他打算正午時到家，他應該以什麼速度騎車？

A

小謝用每小時 10 公里的車速返回，比用每小時 15 公里的速度返回要多用 2 小時。這 2 小時的路途長度為 15×2 = 30（公里），用這段距離除以速度差：30÷（15-10）= 6。也就是說，如果以每小時 10 公里的速度則全部時間需要 6 小時（包括多出的 2 小時），因此可知實際距離為 10×6 = 60（公里）。所以如果小謝想知道 5 個小時到達的速度，就用 60÷5 = 12，即每小時 12 公里的速度正合適。

Q18 老鼠家族

正月裡，鼠爸爸和鼠媽媽生了 12 隻小老鼠，這樣小老鼠加上牠們的爸爸媽媽共有 14 隻。

這些小老鼠到 2 月裡也當爸爸媽媽了，牠們每一對又各生了 12 隻老鼠，小老鼠一共是六對，和牠們的爸爸媽媽合起來一共生了 84 隻，這樣這一家就有 98 隻老鼠了。這樣一代一代，一個月一個月地生下去，每一對都生 12 隻小老鼠。那麼 12 個月將會有多少隻老鼠呢？

A

12 月生了 27682574402 隻老鼠。

現在我們把一年裡 12 個月所生的老鼠算出來：

正月：14	2 月：98	3 月：686
4 月：4802	5 月：33614	6 月：235298
7 月：1647086	8 月：11529602	9 月：80707214
10 月：564950498	11 月：3954653486	12 月：27682574402

12 個月是 276 億 8257 萬 4402 隻，這真是個天文數字。

那麼這題有沒有簡便的演算法呢？可以用 2 連續乘以 7 的方法去計算。

就是過了幾個月就在 2 後連續乘以幾個 7。

例如：4 個月，就是 $2 \times 7 \times 7 \times 7 \times 7 = 4802$。

Q19 龜兔賽跑

眾所周知，當年兔子和烏龜賽跑時，因為驕傲，以為慢騰騰的烏龜永遠沒辦法跑過自己，於是在跑了一段距離後就放心地躺在樹蔭下休息，誰知道在牠休息的過程中，烏龜一刻也沒有停歇，鍥而不捨地努力跑著。最後烏龜贏得了冠軍。這件事告訴我們做人要謙虛，不要驕傲。

後來，兔子一直想要雪恥，於是又去找烏龜，重新比賽。這次兔子說，讓烏龜先跑 10 米，然後牠再去追，以此證明實力。

烏龜考慮了一下，覺得這樣的話牠一定穩贏啦。因為牠想，兔子的速度是牠的10倍，我在牠前面10米遠的地方，當兔子跑了10米時，我就向前跑了 1 米；牠追我 1 米，我又向前跑了 0.1 米；以此類推，兔子永遠要落後一點點，所以別想追上我。烏龜想得對嗎？

A

不對。烏龜沒有考慮時間。比賽開始後，兔子用 1 秒就跑 10 米，而烏龜在這一秒鐘裡只跑了 1 米，那麼兔子只用 10/9 秒就和烏龜相遇了。

Q20 換酒

5 個啤酒瓶可以換 1 瓶啤酒，一個酒鬼一個星期喝了 161 瓶啤酒，其中有一些是用喝剩下的空瓶換的。請問：他至少買了多少瓶酒？

A

161 個空瓶可以換回 32 瓶啤酒，然後你會發現要想得到 161 瓶啤酒，只需要買 161 － 32 ＝ 129 瓶啤酒就可，因為剩下的 32 瓶啤酒可以用 161 個酒瓶換。

檢驗一下：先買 129 瓶啤酒，喝光後用 125 個空瓶換 25 瓶啤酒，喝光後，就喝了 129 ＋ 25 ＝ 154 瓶啤酒。此時有 29 個空瓶（加上第一次剩得 4 個），可以換五瓶啤酒；喝光後就喝了 159 瓶啤酒，此時剩下 9 個酒瓶；再換一瓶回來，喝光後，就喝了 160 瓶，同時剩下 5 個酒瓶，然後再換 1 瓶啤酒，正好喝了 161 瓶啤酒。

Q21 小新的手錶

小新買了一隻機械手錶，每小時比家裡的鬧鐘快 30 秒，可是家裡的鬧鐘每小時比標準時間慢 30 秒，那麼小新的手錶準不準？

如果在早上 8 點鐘的時候，手錶和鬧鐘都對準了標準時間，中午 12 點的時候，手錶指的時間是幾點幾分？

A

小新的手錶不準。

手錶準不準不能與鬧鐘比，應與標準時間相比較。鬧鐘走 1 小時比標準時間慢 30 秒，也就是標準時間 1 小時，鬧鐘走 59 分 30 秒（3570 秒）。手錶比鬧鐘快 30 秒，手錶走 1 小時 30 秒（3630 秒）鬧鐘走 1 小時。把手錶與鬧鐘都與標準時間相比較。假設手錶走 X 秒相當於鬧鐘的 3570 秒，標準時間為 3600 秒，可以算出標準時間 1 小時手錶走的秒數：

3630：3600 = X：3570X = 3630×3570/3600

X = 3599.75

所以，標準時間 1 小時，手錶只走了 3599.75 秒，比標準時間慢了 0.25 秒。所以得出結論，手錶不準。

從 8 點到 12 點共 4 個小時，手錶慢了 0.25×4 = 1（秒）。所以 12 點整的時候，手錶指的時間是 11 點 59 分 59 秒。

Q₂₂ 有趣的三位數

任意一個 3 位數（個位、十位、百位相同的數字除外），把它的個位和百位上的數字互換位置，然後將兩個數中較大的數減去較小的數，得到的結果，只要得知首位數字或末位數字，就能猜出得數是什麼。

A

例如：把 742 的個位和百位數字互換位置是 247，用 742 － 247 = 495。如果你得知這個數的末位是 5，就能立刻猜出是 495。你能說出原因嗎？

因為用這種方法算出來的得數，中間數字一定是 9，而且首位與末位兩數的和也是 9，所以只要知道首位或末位的其中一個數，得數很容易就算出來了。

讓我們再試一下：872 這個 3 位數首尾兩數對調位置，得：278。再用 872-278 = 594。如果告訴你首位是 5，你立即能答出得數是 594。

Q23 糖果之謎

小熊貓最愛吃糖果了，牠有一個大玻璃瓶，裡面裝了好多漂亮的糖果。白色的是奶油糖，紅色的是草莓糖，藍色的是藍莓糖，綠色的是薄荷糖，黃色的是玉米糖，黑色的是巧克力糖，棕色的是咖啡糖，紫色的是葡萄口味的糖。

一天，爺爺問牠：「你的瓶子裡現在有多少顆糖啊？」

小熊貓說有 44 顆。其中白色奶油糖 2 顆，紅色草莓糖 3 顆，綠色的薄荷糖 4 顆，藍色的藍莓糖 5 顆，黃色的玉米糖 6 顆，棕色的咖啡糖 7 顆，黑色的巧克力糖 8 顆，紫色的葡萄口味的糖 9 顆。

爺爺說：「那爺爺問你，如果每次從中取出 1 顆糖，從而得到 2 顆相同顏色的糖，最多需要取幾次呢？」

小熊貓想了半天也沒有想出來。你知道嗎？

A

這個玻璃瓶裡裝有 8 種顏色的糖，如果真的運氣很差的話，最壞的可能也是 8 次摸到的都是不同顏色的糖，這樣第九次就可以摸出任何顏色的糖，都可以與已摸出的糖構成「同色的兩顆糖」，所以最多只需要取 9 次。

Q24 幾隻鳥

天生一隻又一隻，三四五六七八隻。

鳳凰何少鳥何多，啄盡人間千萬石。

詩中所形容的鳥兒究竟是幾隻？

A

可以把詩中關於鳥兒隻數的數字寫成一行：11345678，透過觀察，發現可以列成一個算式，計算結果恰好等於 100：$1 + 1 + 3 \times 4 + 5 \times 6 + 7 \times 8 = 100$。

原來，詩中的第二句不能讀成「三、四、五、六、七、八隻」，而應該讀成「三四、五六、七八隻」。其中的「三四」、「五六」、「七八」，都是兩數相乘，得數分別是 12、30 和 56。連同上句的「一隻又一隻」，全部加起來，隱含著總數是「百」。

Q25 楊貴妃的荔枝

唐朝楊貴妃最喜歡吃荔枝，可是荔枝只有在南方才能夠生長，為了讓她每天都能有荔枝吃，南方的荔枝園園主每天都要派出 1 名騎士飛馬傳送，從來不敢間斷。

這天貴妃很高興，派人賞了一樽美酒給荔枝主人。送酒的使者出發後 10 天才能到達荔枝園，他的速度與送荔枝人的一樣快，並且同時出發，你知道這位使者一路上能看到幾個飛馬送荔枝的騎士嗎？

A

21 個飛馬騎士。

因為他沒出發時已經有人在路上了，他剛出門，10 天前出發的人正好到達，加上路上的 10 天共有 20 人與他相遇，而到荔枝園時，又有一人要出發了。

Q26 誰是贏家

跑馬賽中有兩匹最好的馬，一匹叫「火」，一匹叫「風」。「火」的速度快但耐力較差，跑1公里需2分1秒的時間。「風」速度不如「火」但有耐力，速度均勻，跑1公里只需2分鐘。全程為6.2公里。「風」似乎穩操勝券，而實際上優勝被「火」的主人獲得。你想他為什麼能取得優勝呢？

A

「火」要取勝必須發揮其高速度的優勢，以每1公里跑為例，開始0.2公里用17秒，後0.8公里用1分44秒，雖然牠1公里用2分零1秒，但開始的0.2公里牠是高速領先的。而賽程恰恰比6公里多0.2公里，在這0.2公里上「火」有優勢。

「火」：2分1秒×6 + 17秒 = 12分23秒

「風」：2分×6.2 = 12分24秒

「火」以1秒之差得到優勝。

Q27 池塘裡共有幾桶水

老學者居住的小屋旁有一個池塘，因此想到一個奇怪的問題：這池塘裡共有幾桶水？

學者的弟子沒有一個能答上來。老學者很不高興，說：「你們回去考慮三天。」

三天過去了，弟子中仍無人能解答得出這個問題。老學者覺得很掃興，乾脆寫了一張佈告，聲明誰能回答這個問題，就收誰做弟子。

佈告貼出後，一個女孩子走進老學者的授課大殿，說她知道這水池有幾桶水。女孩湊到老學者耳邊說了幾句話，老學者聽得連連點頭，露出了讚許的笑容。你能說得出有幾桶水嗎？

A

桶的大小決定池塘的水有多少桶——如果桶和池塘一樣大，那就只有一桶水；如果桶只有池塘的二分之一，那就有兩桶水；如果桶有水池的 1/3 大，則有 3 桶水，依次類推。

Q28 招生計畫

有一所三年制高中，每年級為 300 名學生，共 900 名。該校制定了
一個比現有 900 名學生翻一番的擴大招生計畫，決定從明年新生入
學開始，每年招生要比前一年多 100 名。請問幾年後才能完成這個
擴大招生計畫呢？當然每年的畢業生一個也不能少。

A

要用 4 年。

乍一想，每年增加 100 人，好像是需要 9 年時間才能完成擴大招生計畫，
這完全是錯覺。實際上擴大招生後的第一年的新生入學數是 400 人，第
二年是 500 人，第三年是 600 人。第四年的新生是 700 人。而在第四
年，二年級學生為 600 人，三年級學生為 500 人，共計 1800 人，增加
了 900 人。

Q*29* 糊塗的雞媽媽

雞媽媽領著自己的孩子出去覓食，為了防止小雞丟失，她從後向前數數，數到自己是 8；從前向後數數，數到自己是 9。雞媽媽最後數出來她有 17 個孩子，可是她明明沒有這麼多孩子。

請問：這隻糊塗的雞媽媽到底有幾個孩子呢？雞媽媽為什麼會數錯？

A

第一步：雞媽媽是從後向前數，數到她自己是 8，說明她的後面有 7 隻小雞；

第二步：雞媽媽又從前往後數數，數到她自己是 9，說明她的前面有 8 隻小雞；

第三步：雞媽媽的孩子總數應該是 15，而不是 17。

雞媽媽數錯的原因，是她兩次都把自己數進去了。

Q30 賬面價值

古董商加爾文買了一個鑄鐵的噴水龍頭,他為這件絕妙的藝術品支付了 90%的賬面價值。一個收藏家看見後,說願意支付高出他 25%的費用將其買下,加爾文毫不猶豫地答應了,這樣,他就從這筆交易中賺了 105 元。

你能根據上述情況推算出這件古玩的賬面價值嗎?

A

90%的賬面價值與 125%的賬面價值之間差了 35%,因為 35%相當於 105 元,因此,賬面價值就等於 300 元(105÷35%＝300)。

Q31 避暑山莊

甲、乙、丙和丁4人分別在上個月不同時間入住到避暑山莊，又在不同的時間分別退了房。現在只知道：

1. 滯留時間（比如從7日入住，8日離開，滯留時間為2天。）最短的是甲，最長的是丁。乙和丙滯留的時間相同。
2. 丁不是8日離開的。
3. 丁入住的那天，丙已經住在那裡了。

入住時間是：1日、2日、3日、4日。
離開時間是：5日、6日、7日、8日。
根據以上條件，你知道他們4人分別的入住時間和離開時間嗎？

A

4人的滯留時間之和是20天。

根據1得知，最長時間是丁，日數在6天（根據2.3.來看，丁雖然入住時間最長，也是從2日到7日離開的）。

假設乙和丙分別滯留了4天以下，因為丁是6天以下，甲若是6天以上，就不是最短的，所以乙和丙都是5天。

根據3可知，丙是從1日入住到5日。如果乙是從3日入住的話，7日離開，那就與丁重合了，所以乙是從4日入住到8日。剩下的甲就是從3日到6日（滯留了4日）。

因此，甲是從3日入住6日離開的；乙是從4日入住8日離開的；丙是從1日入住5日離開的；丁是從2日入住7日離開的。

Q 32 「小屠夫」值多少錢

美國南北戰爭時，北軍總司令、美國第 18 任總統格蘭特相中了一匹馬。馬主人得知格蘭特是美國總統後，以半價把馬賣給了他。格蘭特很喜愛這匹馬，並給馬取名為「小屠夫」。

幾年後，格蘭特家族因為發生嚴重的經濟危機，不得已以 493.68 美元的價格把「小屠夫」和牠的夥伴出售。

格蘭特對賣出的價格非常不滿意，朋友勸慰他：「你在小屠夫身上賺了 12%，在另外一匹馬上虧了 10%，加起來你還是賺了 2%。」

照朋友的說法，你能算出馬的價格是多少嗎？

A

「小屠夫」買進價格為 264 美元，以 295.68 美元賣出，賺進了 12%；另外一匹馬買價價格為 220 美元，以 198 美元賣出，虧了 10%。買價總額為 484 美元，賣價總額為 493.68 美元，利潤為 2%。

Q₃₃ 賣蘋果

兩名女子在市場賣蘋果，其中史密斯太太有事要馬上離開，於是，她請瓊斯太太幫她把蘋果賣掉。兩人的蘋果同樣多，但是瓊斯太太的蘋果個頭大一些，1 分錢賣兩個，史密斯太太的蘋果 1 分錢賣三個。

接受史密斯太太的委託後，瓊斯太太將兩人的蘋果合在一起，2 分錢賣五個。蘋果全部賣完，但是她們分錢的時候發現少了 7 分錢。

假如她們平均分配賣蘋果的收入，那麼，瓊斯太太在這次合作中損失了多少錢呢？

A

根據題目可以得出，瓊斯太太每賣出 1 個蘋果，她們就將損失 $1/30$ 分錢，她們共計損失了 7 分，所以她們共有 420 個蘋果，每人 210 個，瓊斯太太應該得到 105 分，但以她的方式賣蘋果和分配收入，她只能得到 84 分，所以損失了 21 分。史密斯太太應得 70 分，但她卻得到了 85 分。

Q34 不怕死的阿凡提

大財主把阿凡提抓了起來，把阿凡提綁在水池的柱子上，然後又在水面上放了很多冰塊，這時的水面正好淹到阿凡提的脖子，財主想等到冰塊融化後淹死阿凡提，但阿凡提卻絲毫也不害怕。

你知道冰塊融化後，水面會上升多高嗎？

A

水面一點也不會升高，因為冰塊融化成水的體積正好是它排開水的體積，也就是説，冰塊放進去後占了一定的體積，現在的水位已經是冰融化後的水位了。

Q35 粗心的人

甲去離家 1600 米的公園同女朋友約會，約會時間是下午 1 點 20 分。
甲正好 1：00 出門，以每分鐘 80 米的速度向公園前進，但是在 1：05 的時候，乙發現甲忘記帶錢包，於是乙以每分鐘 100 米的速度追了出去。

另外，甲在 1:10 時也發現忘了帶錢包，以每分鐘 80 米的速度返回。
終於兩人碰面了，甲從乙那拿到錢包，再向公園前進，仍然以每分鐘 80 米的速度前進。

那麼，甲會遲到幾分幾秒呢？兩人交接錢包的時間忽略不計。

A

在 1：10 的時候，離家的距離是：
甲—— 80 米 / 分 ×10 分＝ 800 米。
乙—— 100 米 / 分 ×5 分＝ 500 米。
也就是説，兩人之間的距離（間隔）為 300 米。
從那個時候到兩人碰面為止：
300÷（100 ＋ 80）＝分＝ 1 分 40 秒
甲把返回的距離和時間又走了一次，往返浪費的時間＝遲到的時間：
1 分 40 秒 ×2 ＝ 3 分 20 秒。

Q36 有多少棵樹

湯姆和傑瑞在沙漠中穿越探險，湯姆突然叫說：「嘿！夥計！快看，那是一片林區！」

傑瑞知道他一定是看見海市蜃樓了，於是問：「這片林區一共有多少棵樹？」

湯姆說：「若兩兩的數餘 1 棵，三三的數也餘一棵，五五的數還是餘 1 棵，六六的數，七七的數依然餘 1 棵。」

傑瑞聽後，一下就算出了這片林區共有多少棵樹。你知道怎樣計算嗎？

211 棵。通過湯姆的演算法和結果，我們可以得知這個數若減去 1 便可以被 2、3、5、6 和 7 整除，因此總共有 2×3×5×7 ＋ 1 ＝ 211 棵樹。

Q37 電視機的價格

麥克因工作繁忙，決定請尼克來協助他工作。以一年為期限，一年的報酬為 600 美元與一台電視。可是尼克做了 7 個月後，因事必須離開麥克，要求麥克付給他應得的錢和電視機。

由於電視機不能拆散，結果尼克得到 150 美元和一台電視機。現在請你想一想：這台電視機值多少錢？

A

按規定，尼克一年的報酬為 600 美元和一台電視機，所以每月應得 50 美元和 1/12 台電視。他工作了 7 個月，應得 350 美元和 7/12 台的電視機。現在他實際上得到了 150 美元和一台電視機，這就是說，他少拿的 200 美元代替了 5/12 台電視機的錢，即電視機價錢的 5/12 為 200 美元，所以，整台電視機的價錢為 200 除以 5 乘以 12，等於 480 美元。

Q38 最聰明的人

國王要選女婿，用淘汰法選擇最聰明的年輕人。幾個回合下來，只剩下兩個小夥子難分上下。國王把兩人叫到面前說：

「在城中河的下游，有一朵金色的蓮花，誰把花拿給我，誰就能娶美麗的公主。這裡有船也有馬，你們自己選擇，乘船去可以直接到達，騎馬去要步行 1/3 的路，馬的速度是船的 3 倍，步行是船速的 2/5。」

兩個小夥子，一個躍躍欲試，一個反覆計算。最後是計算過的小夥子得到了金蓮花，你知道他是騎馬還是乘船呢？

A

贏了的小夥子是乘船去的。可以設路程為 S，船速為 V。那麼時間 t ＝ S/V。騎馬人步行用的時間可算 1/3S÷2V/5 ＝ 5S/6V ＝ 5/6t，而騎馬用的時間為 2/3S÷3V ＝ 2/9t，騎馬人全部時間是 5/6t ＋ 2/9t ＝ 1118t，兩者所用時間相較可知，騎馬人慢了一步。

Q39 有趣的車牌

小寧的爸爸叫小寧幫忙把汽車上的車牌重新裝一遍，因為已經鬆動了。小寧卸下來重新裝好後，爸爸說：「兒子，你把車牌裝倒了！可是你看，它比原來的數字大了 78633 ！」

從爸爸的話中，你知道車牌原來是哪五位數嗎？

A

假設原來車牌上的數字為 ABCDE，倒看數是 PQRST，可列式需要注意的是倒放以後數字的順序，A 倒著看為 T，B 則為 S，以此類推。

另外我們需要明確的是，在阿拉伯數字中只有 0，1，6，8，9 這 5 個數倒看可以成為數字，其他的不可以，因此以上假設的字母只能在這五個數字的範圍內。

先看 E，E + 3 = T，在同範圍內，E、T 兩數有可能為（0，3），（1，4），（6，9），（8，1），（9，2）幾組數中的（6，9），（8，1）兩組。而這兩組確定是誰可參考 A 為 T 的倒看，顯然 T 為 9 的話 A + 7 > 10 不合題意，所以推出 E = 8，T = 1，A = 1。

用同樣的思路也可推出 D = 6，S = 0，最後推出每個字母，得出這個車牌是 10968。

Q40 節省的老師

老師總共有九枝粉筆。當一枝粉筆用到只剩原來的三分之一時，老師會因其太小將其放在一邊，但是老師每次清到有足量的粉筆頭時，她就能用一種特殊的方法，將它們接起來做成一枝新粉筆。

如果老師每天只用一枝粉筆，那麼九枝粉筆可供這位老師用幾天？

A

老師每天用一枝粉筆，因此，她用九枝粉筆需要九天，而每枝粉筆又有三分之一的剩餘，那麼就有九枝剩餘粉筆。

又知，三枝剩餘粉筆可以接成一枝新粉筆，又可以再用三天，這九枝粉筆可供使用的天數增加到 12 天。而最後三天剩餘的粉筆又能接成一枝新的粉筆，這樣，九枝粉筆可以供老師用 13 天。

Q41 分錢

老張和老李在田裡幹活，中午休息時，老張拿出五個大肉包，老李也拿出三個大肉包。這時來了一位路人，肚子餓得厲害，與他們商量說：我把僅有的 8 塊錢全給你們，與你們一起吃肉包如何？

兩人覺得這主意不錯，於是三人一起高興地將肉包平分吃光了。

路人謝過他們就告別了，兩位農民卻為 8 塊錢的分配發生了分歧。

老李說：「我拿出 3 個肉包，你拿出 5 個肉包，因此你該得 5 塊錢，我該得 3 塊錢。」

甲說：「不對！如果將錢平分，每人該得 4 塊錢，但是我比你多貢獻了兩塊肉，因此你應再讓出兩塊錢。」

兩個人到底誰對？老張、老李實際應得多少錢？

A

其實兩個人都不對！

一共有 8 個肉包，三人每人吃到 8/3 個肉包。老李實際上給出了 1/3 個肉包，而老張給出了 7/3 個肉包。按這個比例，老李只應得到 1 塊錢，老張則應得到 7 塊錢。

Q42 蘋果的分法

小熊貓、小鹿和小熊住在同一層樓，每天一起上學、放學，一起做功課。牠們的爸爸媽媽也是好鄰居，約定9天中義務打掃3天樓梯。但是因為小熊貓家臨時有事，於是樓梯就由小鹿家和小熊家代為打掃。這樣，小熊家打掃了5天，小鹿家打掃了4天。小熊貓的爸爸媽媽買了9斤蘋果對小熊家和小鹿家表示感謝。

根據勞動成果，這9斤蘋果該如何分配呢？

A

因為小熊家幫忙打掃小熊貓家該打掃的3天當中的2天，而小鹿家幫忙打掃了小熊貓家該打掃的3天當中的1天，所以小熊家應該得到蘋果的2/3，而小鹿家應該得到蘋果的1/3；所以，小熊家得到了6斤蘋果，小鹿家得到了3斤蘋果。

Q*43* 高明的盜墓者

盜墓者有 25 個手下，都是百裡挑一的盜墓高手。警方追蹤他們多年，始終一無所獲。有一天，有人報案說古墓中的埃及法老壁畫不見了，警長馬上帶人勘察現場，根據作案手法，他們判斷出就是他們追蹤多年的那個盜墓者所盜。

正當警方研究抓捕盜墓者方案的時候，盜墓者突然前來自首，稱他偷來的 100 塊法老壁畫被他的 25 個手下偷走了。這些人中最少的偷走 1 塊，最多的偷了 9 塊。這 25 人各自偷了多少塊壁畫，他說他也不知道，但可以肯定的是，他們都偷走了單數塊壁畫，沒人偷走雙數塊的。當天下午，警長就下令將自首的盜墓者抓獲。這是為什麼呢？

A

這個案子涉及一個數學常識，大家都知道，單數和單數相加得出的和一定是雙數。而根據盜墓者的描述，假如 100 這個數可以分成 25 個單數的話，那麼就是說單數和單數的和等於 100，即等於雙數了，這顯然是不可能的。

事實上，25 個人如果偷的都是單數的話，那麼這裡面就有 24 個單數，即 12 對單數，另外還有一個單數。每一對單數的和是雙數—— 12 對單數相加，它的和也是雙數，再加上一個單數得出的和不可能是雙數，因此，100 塊壁畫分給 25 個人，每個人都分到單數是不可能的。自首的盜墓者這樣做是想嫁禍給他的手下，好自己私吞贓物。

Q₄₄ 搶報30

有一種叫「搶 30」的遊戲。遊戲規則很簡單：兩個人輪流報數，第一個從 1 開始。按順序報數，他可以只報 1，也可以報 1，2。第二個人接著第一個人報的數再報下去，但最多只能報兩個數，而且不能一個數都不報。

例如，第一個人報的是 1，第二個人可報 2，也可報 2，3；若第一個人報了 1，2，則第二個人可報 3，也可報 3，4。接下來仍由第一個人接著報，如此輪流下去，誰先報到 30 誰勝。

甲很大度，每次都讓乙先報，但每次都是甲勝。乙覺得其中肯定有貓膩，於是堅持要甲先報，結果幾乎每次還是甲勝。你知道甲必勝的策略是什麼嗎？

A

甲的策略其實很簡單：他總是報到 3 的倍數為止。如果乙先報，根據遊戲規定，他或報 1，或報 1、2。若是乙報 1，則甲就報 2、3；若是乙報 1、2，甲就報 3。接下來，乙從 4 開始報，而甲則視乙的情況，總是報到 6 為止。以此類推，甲總能使自己報到 3 的倍數為止。由於 30 是 3 的倍數，所以甲總能報到 30。

Q45 比酒量

八仙中的呂洞賓十分愛酒，但他不喜歡獨自喝酒。於是常常下凡間擺好酒局等待酒友。這天，呂洞賓又想喝酒了，於是帶著酒葫蘆又來到蓬萊仙閣。

幾個朋友結伴遊仙閣，見亭中有位老人，桌上酒菜俱全。幾位朋友便走到老者跟前，問他能否借酒同飲，老者高興地點了點頭。

第一壺酒，各人平分。一瓶喝下來，當場就倒了幾個。再來一壺，在餘下的人中平分，結果又有人倒下。呂洞賓喝得興起。於是又來一壺，還是平分，這下可壞了，那群年輕人全都醉倒。

呂洞賓得意地道：「我是千杯不醉啊。哈哈哈！」隨後拎起酒壺，乘風而回。

你知道算上呂洞賓，一共有多少人喝酒嗎？

A

一共六個人。

進入最後一輪的至少有兩個人，假設有多於兩個人，設有三個，則每個人都喝一瓶酒，不符合題意，所以最後一輪只有兩個，進入第二輪至少3個，先假設有四個進入第二輪，則第一輪喝酒的人也只有四個人，沒有倒下的，所以第二輪有三個人，由最後一輪的人喝了一瓶得到 X ＋ 1/3 ＋ 1/2 ＝ 1，X ＝ 6。

Q46 火腿問題

一位農夫知道怎麼賣火腿，但他的數學卻不怎麼樣。

一天，他和往常一樣推了一車火腿出去向鄰近居民推銷。一車火腿的數量是 55 根，農夫以每根 1.25 美元為單價出售。

他遇到的第一個顧客買了整車火腿的一半再加上半根。第二個顧客出手同樣大方，買了剩下的火腿的一半再加上半根。

然後讓農夫又推著車子去另外一個地方賣。在這裡，農夫又賣出剩下的火腿中的一半再加上半根。之後，農夫來到一個旅店，老闆娘買了剩下火腿的一半再加上半根。

農夫繼續朝前走，遇到旅店老闆，老闆不知道老婆已經買過火腿了，就向農夫買了半根火腿，又買了剩下火腿的一半，並讓他的朋友也買了剩下的火腿的一半再加上半根。農夫的火腿全部賣完。你知道農夫的火腿一共賣了多少錢嗎？

A

農夫遇到第一位顧客買了一半加半根，按 28 根火腿計算，價值 35 美元；第二個顧客買了所剩火腿的一半加半根（14 根），然後農夫又賣出所剩火腿的一半加半根（7 根），這時，農夫剩下 6 根火腿和 61.25 美元。

老闆娘又買了 3.5 根火腿，由於半根按整根計算，她共支付了 5 美元。

然後，老闆又買了 1.5 根火腿，價值 2.5 美元；老闆的朋友買了剩下的 1 根，價值 1.25 美元；農夫賣完火腿，共獲得 70 美元。

Q₄₇ 狙擊手綽號

刑事局歷經千辛萬苦，總算取得有關 A、B、C、D、E 五名狙擊手的部分情報，資料如下：

（1）福克納的體型比 E 狙擊手壯碩。

（2）D 狙擊手是白猴、黑狗的前輩。

（3）B 狙擊手總是和白猴一起犯案。

（4）小馬哥和福克納是 A 狙擊手的徒弟。

（5）白猴的槍法遠比 A 狙擊手、E 狙擊手神準。

（6）虎爺和小馬哥都不曾動過 E 狙擊手身邊的女孩。

請問，B 狙擊手的綽號是什麼？

A

福克納。

從（1）、（5）、（6）項情報得知，E 狙擊手是在這些項目中均未提及綽號的某人，換言之，從 A 狙擊手到 D 狙擊手都不是此人。根據上述這個關鍵和（4）（5）項情報做推敲，我們可以知道：A 狙擊手就是指「虎爺」。再從這個關鍵和（2）項情報做推敲，我們便可知道：D 狙擊手就是指「小馬哥」。然後再根據這個關鍵和（3）項情報作推敲，可以知道：C 狙擊手其實就是指「白猴」。知道 A、C、D 三名狙擊手的綽號之後，剩下的 B 狙擊手無疑就是指「福克納」了。

Q48 今天星期幾

夫妻兩人閒聊，妻子說：「親愛的，這週六是兒子的忌日，我們要去給他上墳，但是今天是星期幾啊？」

丈夫說：「我只知道當後天變成昨天的時候，那麼『今天』距離星期天的日子，將和大前天變成明天時的那個『今天』距離星期天的日子相同。」

你知道這天到底是星期幾了嗎？

A

這天是星期天，他們已經錯過了上墳的日子。

蔥價

一個人在集市上賣蔥，一捆蔥有 10 斤重，賣 1 元錢 1 斤。

有個買蔥的人說：「你的蔥我全都買了，不過我要分開稱，蔥白 7 角錢 1 斤，蔥葉 3 角錢 1 斤，這樣蔥白加蔥葉還是 1 元，對不對？」

賣蔥的人一想，7 角加 3 角正好等於 1 元，就同意了。

他把蔥切開，蔥白 8 斤，蔥葉 2 斤，加起來 10 斤，8 斤蔥白 5.6 元，2 斤蔥葉 6 角，共計 6.2 元。

事後，賣蔥的人越想越不對，原來算好的 10 斤蔥明明能賣 10 元，現在怎麼只賣了 6.2 元呢？到底哪裡算錯了呢？

A

蔥原本是 1 元錢一斤，也就是說，不管蔥白還是蔥葉都是 1 元錢一斤。分開後，蔥白卻只賣 7 角，蔥葉只賣 3 角，當然賠錢了。

Q50 燃香計時

兩根粗細不一樣的香，燒完的時間都是一個小時。用什麼方法能確定一段長 45 分鐘的時間？

A

將兩根香同時點燃，但其中一根要兩頭一起點。兩頭一起點的香燃盡的時候，時間正好過去半小時。只點一頭的香也正好燃燒了半個小時，剩下的半根還需要半個小時。再兩頭一起點，燃盡剩下的香用的時間是 15 分鐘。這樣兩根香全部燒完的時間就是 45 分鐘。

PART 2
愛因斯坦的腦袋

愛因斯坦的腦袋

舉世聞名的大科學家愛因斯坦有位很機靈的司機，名叫柏富里，他與愛因斯坦年紀相仿，很聰明，記憶力特別強。

愛因斯坦的相對論問世之後，轟動世界，愛因斯坦收到很多邀請，請他去做演講。一連數日奔波，愛因斯坦的身體有點吃不消了。一日，柏富里又送他去演講，愛因斯坦忽然感到頭非常疼。

他靈機一動，說：「今天這場演講可以由我來代勞，您在講臺下休息就可以了。您的演講，我聽過幾十次了，雖然分析研究我不懂，可是您講過的東西我都記住了，要我背誦出來都沒問題。而且那兒的人沒見過您，我去講他們也不知道。」

柏富里辦事一向可靠，愛因斯坦想想便同意了。演講很順利，聽眾報以雷鳴般的掌聲。可是就當柏富里正要走下講臺時，一位教授站了起來，提出一個問題，這個問題十分深奧，柏富里裡不知如何回答，可是，反應靈敏的柏富里只說了一句話就解決這個難題，而且驚爆了全場觀眾。你知道他是怎麼解圍的嗎？

A

柏富里輕鬆地笑笑說：「這是一個很有意思的問題，我曾經與我的司機一起談論過，現在，請我的司機來給大家說明一下吧。」愛因斯坦當然知道這個問題的答案，用幾句話就解答了教授提出來的問題，既簡潔又透澈，征服了聽眾。

Q₂ 杏花村裡的姑娘

杜牧是唐朝著名的文學家，他曾經擔任過州官。為了瞭解民情，杜牧常常微服出巡，看到優美的風景還即興寫下了很多詩。

有一次，杜牧聽說附近有個杏花村，村口開了一家酒店，掌櫃的叫杏雲姑娘，她聰明伶俐，喜歡和文人交朋友，於是杜牧穿著便服來到酒店，想看看杏雲姑娘到底是怎樣的聰明。

他剛坐下，杏雲姑娘走過來，微笑著問：「這位先生是第一次光臨，請問尊姓大名？」

杜牧沒有回答，卻吟了一副對聯：「半邊林靠半坡地；一頭牛同一卷文。」

杏雲姑娘一聽，馬上行大禮說：「原來是州官大人啊！」

杜牧這才相信，杏雲姑娘確實聰明過人。

A

「半邊林靠半坡地；一頭牛同一卷文。」就是「杜牧」二字。

Q₃ 三國迷

紅紅的爸爸是個三國迷，在爸爸的影響下，紅紅把《三國演義》從頭到尾看了好幾遍。

有一次，爸爸在廚房做菜，做到一半時，突然缺了幾樣作料，於是讓紅紅去幫他把作料買回來，卻沒有明確地說出所缺作料的名字，只說：「劉備求計問孔明，徐庶無事進曹營，趙雲難勒白龍馬，孫權上陣亂點兵。」

紅紅想了想說：「這好辦！」很快正確地把作料買了回來。

你能猜出紅紅的爸爸缺的是哪四樣作料嗎？

A

缺算（蒜）、少言（鹽）、無韁（薑）、短將（醬）。

Q4 乾隆祝壽

相傳乾隆皇帝下江南時，碰到一位壽星過生日，便送了副對聯給他。上聯是：「花甲重開，外加三七歲月」，下聯是「古稀雙慶，內多一個春秋」。

老人一看，拍案叫絕：「妙哉！妙哉！」

有人問：「妙在何處？」

老人道：「這不正是我的年齡嗎？」

人們一算，才恍然大悟。

你能根據這副對聯，推算出這位壽星的年齡嗎？

A

上聯：花甲是 60 年，兩個花甲加三七二十一是 141 歲。下聯：古稀是 70 歲，兩個古稀加 1 歲，也正好是 141 歲。

馮夢龍宴客

明朝有一個著名的文學家，叫馮夢龍，他不喜歡升官發財，而是把全部的精力都投入了文學創作。他還特別喜歡謎語，收集了許多資料，寫了一部專門講謎語的書《黃山謎》。

有一年夏天，馮夢龍起床後，發現後院的桃花盛開了，這時，有一位姓李的朋友來拜會。馮夢龍便開玩笑說：「桃李杏春風一家，既然您來了，我們就到後院去，一面喝酒，一面賞看您本家吧！」

他們來到後院，馮夢龍忽然想起忘了一樣東西，就對書童說：「你快去拿一件東西，送到後院來！」

書童問：「是什麼東西呢？」

馮夢龍隨口就造了一個謎：「有面無口，有腳無手，又好吃肉，又好吃酒。」

書童愣在那兒，猜不出應該去拿什麼。

A

原來馮夢龍要的是酒桌。

Q₆ 天下第一味

古時，三個赴京趕考的舉人途中相遇，結伴而行。

走累了，大家坐在樹下歇息。四川舉人心頭一動，拱手道：「二位才子，你我今日幸會，實為難得，眼下已近中午，大家肚內皆餓，小弟請問二位仁兄：何謂天下第一味？」

浙江舉人道：「這還用問，天下百味，自然是糖醋肉排最佳！」

廣東舉人說：「不對不對，蛇肉之香，與眾不同，味道更美。」

四川舉人笑道：「二位仁兄皆未道中。其實，小弟剛才是給二位出了一道謎語呀，其實『天下第一味』本身就是一道菜！」接著他說出一味菜。並解釋了一番。

那兩個舉人一聽，拍手叫絕，連說：「妙，妙！」

你知道這「天下第一味」是什麼菜嗎？

A

「天下」為「大」，「第一」者為頭，「味」也可當菜講，所以「天下第一味」是指「大頭菜」。

Q₇ 愛國畫師

清末，山東有個著名的畫師，名叫李奎元。那一年，慈禧太后爲了修建頤和園，傳聖旨把他召到京城，要他畫一個大屏風，放在仁壽殿裡，好爲她歌功頌德。李奎元心裡恨死了慈禧，可是又不能違抗，只好答應。

獻畫的那一天到了，慈禧帶了文武百官來看畫，只見屏風上畫了一個胖小孩跪在午門前，手裡托著一個大壽桃，後面飄著各種國旗，排列著各國軍隊。

官員們都拍馬屁說：「這是仙童祝壽，萬國來朝！」

慈禧一開始還很得意，突然，她想到了什麼，大聲罵道：「好大的膽子，竟敢用諧音來罵我！」馬上派人去抓李奎元，李畫師卻早已經逃走了。

你知道這是怎麼回事嗎？

A

各國軍隊列陣，托桃寓「脫逃」，合起來就是諷刺西太后當年「臨陣脫逃」跑到西安。

Q_8 年關

清朝，蘇州有一個姓蔡的縣官，和鄭板橋是好朋友，他受了鄭板橋的影響，很同情老百姓的疾苦，經常在一起到民間走訪，瞭解民情。

一年春節，他倆一起到大街上去散步，看到一戶人家的門上有一副奇怪的對聯。只見上聯是「二三四五」，下聯是「六七八九」。蔡縣官正感到納悶，轉身一看，鄭板橋不見了。

等了好一會兒，只見鄭板橋扛了一袋大米、幾包衣服，急匆匆地趕來。

他們敲開門，原來是個窮書生正又冷又餓地在發愁。鄭板橋把東西送給書生，解救了他的困境。

蔡縣官不解地問鄭板橋：「是誰告訴你他需要衣服和糧食呢？」

鄭板橋得意地說：「是對聯說的呀！」

你知道這其中的奧秘嗎？

A

上聯缺「一」下聯少「十」，就是諧音「缺少衣食」，所以鄭板橋送來了「及時雨」。

Q_9 紀曉嵐題字

乾隆皇帝的寵臣、大貪官和珅建了座書齋，請大學士紀昀（字曉嵐）題匾。紀昀深知和珅父子胸無點墨，又見書齋廊外滿籬疏竹，新苞叢生，遂觸動靈感，題上「竹苞堂」三字。

和珅大喜，稱其「致雅清高，妙不可言」，將之刻於門首。

後來乾隆到和珅家來遊園，指著匾額笑道：「愛卿上當矣。」遂解釋一通，和珅聽了又羞又惱，又不好發作。為什麼？你能說明其中的道理嗎？

A

「竹苞」拆開，就是「個個草包」。

Q₁₀ 謎林高手

有一次蘇東坡到妹妹家做客，蘇小妹看到飯桌上有鯉魚，就出了一個字謎：「我有一物生得巧，半邊鱗甲半邊毛，半邊離水難活命，半邊入水命難逃。」

丈夫秦少游說：「我也出個字謎：我有一物分兩旁，一邊好吃一邊香，一旁眉山去吃草，一旁岷江把身藏。」

蘇東坡笑說：「那我也出個謎吧：我有一物長得奇，半身生雙翅，半身長四蹄，長蹄的跑不快，有翅的飛不起。」

說完，三人你看看我，我看看他，都哈哈大笑起來。

他們三個人的答案原來是同一個字，你能猜出是哪個字嗎？

A

謎底是「鮮」字。

Q₁₁ 物中謎，謎中物

有一天，蘇東坡正閒著，好朋友王安石來拜訪，兩人聊了一會兒，
又有一位好朋友陳季常也來了。蘇東坡可高興啦，連忙叫人擺開酒
席，三個好朋友一邊喝酒一邊聊天。

三個好朋友都有一個愛好，就是猜謎，所以聊了一會兒，話題就轉
到猜謎上面。

蘇東坡說：「我昨天剛造了一個謎，你們猜猜看：臉兒亮光光，放在
桌子上。你倆跑過來，請它留個像。」

東季常聽了，也開口念道：「你對我笑，我對你笑，我也尋你，你不
見了。」

王安石緊接著吟道：「我哭你也哭，我笑你也笑，要問它是誰，咱仨
都知道。」

「咱仨都知道」的它，到底是什麼東西呢？

A

謎底是鏡子。

Q12 蘇東坡破謎

有一天，秦少游又想喝酒，蘇小妹說：「老規矩，你先得猜謎！」說著，就出了一個字謎：「兩日齊相投，四山環一周，一口吞四口。」秦少游想了很久，還是沒有猜出來。

可是，他哪裡肯認輸呢？藉口說：「哎喲，我把扇子忘在哥哥家了，我去取！」他趕到蘇東坡的家，看見蘇東坡坐在院子裡，面前放著幾盤菜，正在悠閒地喝酒。秦少游忙把蘇小妹的謎語說了，懇求蘇東坡一定幫忙。

蘇東坡喝了一口酒，只是笑了笑，然後把筷子伸向盤裡的魚，把魚的頭和尾巴夾斷。秦少游眼睛一亮，高興地說：「謝謝你告訴我答案！」

明明蘇東坡一句話也沒有說，秦少游為什麼說知道答案了？

A

「田」，魚字去頭尾，就是田字。

Q13 出謎勸學

鄭板橋是清代著名的文學家。有一天，他路過一座學堂，聽到裡面傳來嘻嘻哈哈的聲音，走過去一看，原來是一群調皮的學生不聽老師講課，正在打鬧呢。鄭板橋生氣地說：「你們太不像話了，趕快好好讀書吧！」

有個學生看他穿著布衣草鞋，還以為是個老農民，就傲慢地問：「窮光蛋還來教訓我們，我問你，你會寫詩嗎？」

鄭板橋說：「我不光會寫詩，還會出謎呢！」

他看到學堂旁邊是廚房，裡面有一樣東西，就當場吟了一首詠物詩：「嘴尖肚大個不高，放在火上受煎熬。量小不能容萬物，二三寸水起波濤。」

學生們猜了半天，誰都猜不出來，只好老老實實地讀書了。

鄭板橋詠的什麼東西呢？

提示：別忘了，它是廚房裡用的。

A

謎底是水壺。

Q14 關公和楚霸王

宋代有個大文人，名叫黃庭堅，他七歲的時候就會寫詩，後來名氣越來越大。史學家司馬光聽說以後，很想請他來做助手。於是，就邀請黃庭堅來做客，實際上是要考考他。

司馬光念了兩句詩：「荷花露面才相識，梧桐落葉又離別。」然後讓黃庭堅猜一猜詩裡說的是什麼。

黃庭堅笑笑說：「我來寫給您看吧！」馬上揮筆寫了一首詩：「有戶人家沒有牆，英雄豪傑內中藏，有人看他像關公，有人說是楚霸王。」

司馬光一看，連聲說好詩，馬上向皇帝推薦，讓黃庭堅受了重用。

你能猜出答案是什麼嗎？

A

關羽、項羽，都是羽，在戶下邊，就是「扇」。

Q₁₅ 雪夜送禮

唐代大詩人白居易寫了很多著名的詩來反映人民生活的疾苦。

他在杭州做州官時，有一個多天的晚上，聽著窗外北風呼嘯，心裡很擔憂：城外那座山寺很破舊了，裡面還住著兩位讀書人，這麼冷的天，他們受得住嗎？

白居易再也睡不著了，馬上起床，叫人準備了棉被，又燒了熱菜熱飯，然後拿出一包小禮物，連夜派人送去。

兩位讀書人收到了棉被和食品，心裡非常感動。看到那包禮物，心想：這是什麼東西呢？忽然，他們看見了包裝紙上還寫著一首小詩：「兩國打仗，兵強馬壯，馬不吃草，兵不征糧。」大笑起來，立刻明白裡面是什麼了。

猜一猜：白居易送的是什麼禮物？

A

謎底就是象棋。

Q16 王安石招考書僮

有一次，王安石想招一個書僮，就派人傳出消息：凡是想當書僮的，必須參加考試，考試的題目就是猜謎語。很多人家都把孩子送來，可是卻沒有一個能通過考試。

這天，又來了一個孩子，王安石接連出了三個謎，他都很快就猜出答案。身邊的人問王安石：「這個孩子用還是不用？」

王安石一言不發，拿起筆又寫了一則字謎：「一月又一月，兩月共半邊；上有可耕之田，下有長流之川；一家有六口，兩口不團圓。」

身邊的人還在納悶著呢，孩子卻高興地跳起來，連聲對王安石道謝。那個孩子為什麼道謝呢？

A

因為王安石的謎底就是「用」字。

Q17 諸葛亮妙計退敵

諸葛亮用兵如神是有名的。一次，敵人的軍隊已經逼近了，但諸葛亮的手下當時只有幾千人。他命令軍隊在敵人必經的道路旁堆放了石塊，又吩咐自己的人馬把鐵甲脫去，換上犀甲。結果當敵人的軍隊經過時，都覺得身體變得特別重，好像有人在拽著自己似的，以為諸葛亮有神人幫助，嚇得立即逃跑。你知道諸葛亮的妙計是什麼嗎？

A

諸葛亮在道路兩邊堆放的是磁石。

Q18 齊白石的暗示

齊白石是我國著名畫家，他的畫聞名國內外，被很多博物館收藏。
有很多學畫的人要拜他做老師，有的拿了畫來向他請教，也有的學
生作品獲獎了，來向他表示感謝。總之，齊白石的家門前總是熱鬧
得很。

有一天，幾個學生拜見老師，他們剛想敲門，卻看見門上寫著一個
「心」字。他們覺得奇怪，這是什麼意思呢？

這時一個學生忽然說：「我明白啦！」說著，便拉著同伴離開了。

第二天，他們又來到齊白石家門前，只見門上換了一個「木」字，
大家馬上敲門進去，拜見了齊白石。

A

門上寫「心」，就是「悶」字，表示主人心情不好，不要去打擾；門上寫
「木」字，表示主人現在閑著，可以接待來客。

Q19 唐伯虎的名畫

唐伯虎的畫很有名，人們願意出很高的價錢來買他的畫，於是他就在西湖邊上開了個畫廊。

這天，畫廊裡掛出了一幅畫，畫面上是一個人牽了一隻狗，在西湖邊散步。

人們圍著畫紛紛讚嘆：「真是千金難買的好畫啊！」

唐伯虎聽到讚揚聲，心裡可得意了，馬上宣布：「這是一幅字謎畫，誰要是能猜出答案，這幅畫就送給他。可是誰要是猜錯了，得罰十兩銀子！」

大家一聽，都皺起眉頭苦苦思考起來。

忽然，一個年輕人跑上前，一下子趴在地上，大家正感到奇怪呢，唐伯虎卻大笑起來，然後把畫取下來，送給了年輕人。

為什麼年輕人趴在地上，唐伯虎就把畫送給他了呢？

提示：年輕人肯定不是磕頭求畫。

A

原來畫裡的謎底是「伏」字，就是年輕人的動作。

Q20 神童

明朝時有個人叫解縉，七八歲時就能吟詩答對，當地老百姓稱他爲「神童」。

一年中秋，知府大人來到吉水，親自召見解縉，看他是否如別人說的那樣聰慧。

知府見解縉稚氣未脫，便問：「小孩，你父親以什麼維持生計？」

解縉答道：「慈父肩挑日月。」

知府又問：「那母親呢？」

解縉又答：「家母手轉乾坤。」

知府一聽，高興地說：「果然名不虛傳！」當即命隨從賞了解縉五兩銀子。

你能猜出解縉父母的職業嗎？

A

解縉父親的職業是挑水，母親的職業是磨豆腐。

Q21 孔子的名字

孔子是春秋時期著名的思想家和教育家，他一向強調「中庸之道」，也就是要求不偏不倚。有一天，孔子到鄉村講學，走累了，就在一口水井邊休息。

這時，有個老農挑著一副擔子，也來到水井邊休息。他站在井邊，把扁擔擱在井口上，然後問孔子：「我有一個字想請教先生。」

孔子問：「是哪個字？」

老農說：「就是我的動作呀！」

孔子看了看，馬上就笑著說：「這很簡單，井口擱一條扁擔，當然是中庸的中字啊！」

老農大笑說：「先生是見物不見人，你猜錯啦！」孔子認真一想，發現自己確實錯了，心裡後悔極了。

A

人加中，為「仲」，孔子名丘字仲尼。

Q_{22} 井水喝不得

有一個秀才，自以為讀了幾年書，就眼睛長在頭頂上了，誰都瞧不起。

這一天，他寫了一首歪詩，獨自吟了幾遍，越吟越感到得意，就匆匆忙忙地出門，想到朋友家去吹噓一番。

他走到半路上，口渴得要命，看到路邊有一口水井，井水清澈涼爽，就對井邊的一個小孩說：「小傢伙，我是當代的大詩人，快打井水給我喝！」

小孩說：「請你先猜出一個謎語，才給你打水！」

秀才驕傲地說：「一言為定！」

小孩大聲念道：「上邊有口無蓋頭，下邊無口沒堵頭，左邊有口沒擋頭，中間有口無舌頭。」

秀才從來沒有猜過這樣的怪謎，猜不出來，只好忍住口渴，狼狽地走了。

你知道是哪個字嗎？

A

謎底就是「井」字。

Q23 才女卓文君

相傳漢代的卓文君和司馬相如成婚不久，司馬相如就辭別嬌妻，赴京做官，多情的文君癡情地等了五年，等來的竟是寫著「一二三四五六七八九十百千萬」的數詞家書，聰穎過人的文君讀懂了夫君信中的意思，家書中無「億」諧音，表示丈夫已情有所鍾，另有所愛，對她「無意」了，只不過羞於直說。

只好當即覆信：（ ）別之後，（ ）地相思，（ ）只說是（ ）（ ）月，又誰知（ ）（ ）年。（ ）弦琴無心彈，（ ）行書無可傳，（ ）連環從中拆斷，（ ）裡長亭望眼欲穿，（ ）思想，（ ）思念，（ ）般無奈把郎怨。

A

就是把「一二三四五六七八九十百千萬」填入括弧中。

Q24 丞相招女婿

從前有個丞相，家裡有權有勢又有錢，他有一個女兒，到了婚嫁的年齡，前來提親的人，把丞相府的門檻都踢破了。丞相卻認為那些有錢人家的公子全都是沒本事的花花公子，女兒怎麼能嫁給這種人呢？

有一次，丞相看到一篇文章，寫得非常精彩，一打聽，是個叫孫義的年輕人寫的。丞相想，如果他真的有才學，招來做女婿，女兒的終身大事他就放心啦！便馬上把孫義請來，想考考他。

丞相說：「請教您一個字：一字九橫六豎，問遍天下不知，有人去問孔子，孔子想了三天。」

孫義等丞相說完，馬上說出答案。丞相高興得合不攏嘴，把女兒嫁給了他。

A

謎底就是「晶」字。

Q25 藥方

明朝時有一縣官，魚肉百姓，無惡不作。他聽聞李時珍（《本草綱目》作者）醫術高明，能妙手回春，便親自登門，請李時珍為他開一服能延年益壽的藥。

李時珍平素最恨的就是這幫貪官污吏，便隨手為他開了一個藥方：

柏子仁三錢木瓜二錢官桂三錢

柴胡三錢益智二錢附子三錢

八角二錢人參一錢台烏三錢

上黨三錢山藥二錢

縣官拿到藥方，如獲至寶，回到縣衙。縣官的師爺粗通醫理，看了藥方後說道：「老爺，這哪裡是什麼益壽藥方，這是李時珍在借方罵你呢！」

縣官按他的指點讀去，氣得直翻白眼。這個藥方你讀懂了嗎？

A

柏木棺材一副，八人抬上山。

Q26 才高八斗的曹植

一天，曹操領著曹丕、曹植騎馬郊遊，去觀賞丹楓金橘。

這天秋高氣爽，藍天如洗，成群的燕子在天空中飛翔。曹操凝望天空，感慨不已。忽然心生一念——何不以此景為題，出個字謎來試試這兩個兒子的才學呢？於是沉吟片刻，手指天上燕子，吟出四句詩：

一對燕子天空飛，一隻瘦來一隻肥；

一年四季來一次，一月倒要來三回。

曹操讓兩個兒子先後以此四句詩為謎面，猜一字。

曹丕冥思苦想，終未能悟出是什麼字。

才思敏捷的曹植，略加思索，然後答出一個字。曹操聞之大喜，從此對曹植更是喜愛有加，曾一度欲立他為世子。

正是：七步成詩已稱奇，曹植才高天下知。聰明的你能猜出答案來嗎？

A

「八」字。

Q27 機智逃生

清朝大學士劉墉博學多才，能言善辯，深得乾隆皇帝的賞識，有一次，乾隆問劉墉：「劉愛卿，忠孝二字怎解？」

劉墉說道：「君要臣死，臣不得不死，此為忠；父要子亡，子不得不亡，此為孝。」

乾隆皇帝一聽劉墉的回答，立即想到了一個刁難他的主意，便說：「那我以君的身分，命你即刻去死！」

「你打算怎麼個死法呢？」乾隆問道。

「臣打算跳河。」

過了一會兒，劉墉跑了回來，乾隆皇帝見了，故作怒顏道：「大膽劉墉，你怎麼還沒死？」

劉墉鎮定地應道：「回皇上，不是臣不想死，只是剛才臣到了河邊，正要往下跳的時候，看見屈原了，他從水裡向我走過來，並對我說了一番話，他說……」

乾隆皇帝聽後哈哈大笑，說道：「好一個劉墉，朕算是服你了。」

聰明的你，能猜到劉墉說的話是什麼嗎？

A

劉墉說：「臣剛到河邊，正要往下跳，屈原就從水裡向我走來，拍著我的肩膀說：『劉墉，你這就不對了！當年楚王是昏君，我不得不死；可如今皇上可算聖明，你應該回去問問皇上是不是昏君，如果皇上說是，你再死也不遲啊！』」

Q28 魯班建廟

古代有個木匠跟魯班學藝，到南山密林中去修築香岩寺。

一天，木匠陪魯班在山上散步，走到一棵古柏和一塊怪石跟前，魯班說：「這古樹怪石，真是少見！」

木匠說：「若在石上再建座廟，就更好了。」

魯班看了看說：「好！你就試著在這兒修建一百一十一座廟吧！」

魯班這麼說，木匠愣住了，心想：這雖是一塊巨大的怪石，但哪裡能容得下這麼多廟啊？

一連兩天，木匠都想不出如何建造，愁得他茶飯不思。

一天早飯後，木匠倚坐在古柏下，看著那巨大的怪石發愁，忽然眼前一亮，高興地說：「師傅說的一百一十一座廟可以建造啦！」

木匠把自己的想法告訴魯班後，魯班誇他聰明，肯動腦筋。

請問，木匠是怎樣想的呢？

A

魯班說的「一百一十一座廟」，原來用的是諧音，意思是「一柏、一石、一座廟」。

Q29 難倒國相

相傳戰國時，文武雙全的伍子胥初次上朝時，在殿前剛舉完千斤鼎，君主又傳諭試才。結果，滿朝文武都論不過他。

這時國相就給他出了個字謎：東海有大魚，無頭又無尾，丟了脊梁骨，一去直到底。

伍子胥當即答了出來。接著他又回國相一個字謎：出東海，入西山，寫時方，畫時圓。其實兩人的謎底都是一個，卻難住了國相。

請你猜一猜二人所說的是什麼字？

A
「日」字。

Q30 聰明的曾鞏

唐宋八大家之一的曾鞏，幼時即被左鄰右舍稱為神童。

一日，曾鞏的老師帶著他去春遊，二人沿著蜿蜒曲折的桃花溪漫步在連綿起伏的桃花山。老師興之所至，捋鬚吟道：「頭上草帽戴，帽下有人在。短刀握在手，但卻人人愛。」

話音剛落，聰明的曾鞏脫口而出一個字，老師笑著點了點頭。

請問，老師指的是什麼字？

A

「花」字。因為頭上草帽戴是指草字頭，帽下有人在是指單人旁，短刀握在手是指匕首的「匕」字。

Q31 考倒鐵拐李

八仙之一的鐵拐李，常身背寶葫蘆雲遊四海。

有一次，他在峨眉山遇見了一個孩童。孩童問鐵拐李：「你葫蘆裡藏的什麼？」

鐵拐李答：「治百病的靈丹妙藥。」

頑皮的孩童不以爲然，脫口便說：「那你怎麼不治一治你的癱腿呢？」

鐵拐李臉一紅，生氣地說：「小小頑童，休得無禮！你姓什麼？今年幾歲了？」

孩童連忙答道：「我的姓，正好是我的歲數；我的歲數正好是我的姓。」

鐵拐李聽了一驚，感到頑童並非等閒之輩，但一時又猜不出謎底，只得騰雲而去。

回去後，他把這事給呂洞賓說了，呂洞賓連忙點破謎底，哈哈大笑。

你能猜出孩童姓甚，年紀多大嗎？

A

孩童姓「王」，「一十一」歲。

Q32 幽默機智的大仲馬

有天晚上，法國著名文學家大仲馬同另一位作家一起到劇院去觀看由這位朋友所創作的悲劇。

大仲馬看到觀眾席上有很多人都昏昏欲睡，就半開玩笑地對他的朋友說：「難道這就是你所創作的悲劇能夠帶給觀眾的唯一的感動方式嗎？」

第二天，劇院裡上演由大仲馬創作的《基督山恩仇記》時，他們又一起前往觀看。當朋友也在劇院裡發現了正在呼呼大睡的觀眾的時候，就立刻問大仲馬說：「看來你的劇作也很有威力嘛，要不人家怎麼能夠睡得這麼香甜呢？」

大仲馬知道這是他在報復自己對他開的那個玩笑，很快想到了一個回答問題的辦法。聽了大仲馬的回答後，他那位朋友立刻啞口無言。大仲馬是如何回答他朋友的呢？

A

大仲馬回說：「你沒看出來嗎？其實這個人就是昨天看你的悲劇時睡著的人中的一個呀？只不過直到現在他還沒睡醒呢！」

Q33 松贊干布使臣的智慧

唐朝的文成公主聰慧美麗，性情賢淑，鄰近幾個國家的國王同時派來使臣向唐太宗求婚，請求迎娶文成公主，太宗決定考考使臣們的智力。

他拿出一顆寶珠和一根很細的絲線對眾使臣說：「這是一顆九曲明珠，中間有一條彎彎曲曲的通道，你們誰能把絲線穿過這條通道，就有機會向公主求婚。」

使臣們試來試去，都毫無結果，最後輪到吐蕃國松贊干布的使臣祿東贊，他成功地把線穿了過去，你能想到他用的辦法嗎？

A

他在地上找到一隻大螞蟻，把螞蟻捉住，細心地用絲線縛住螞蟻的腰，然後把牠放在珠子的一端洞口，再找來一些蜂蜜，抹在另一端的洞口邊，螞蟻聞到蜜香，就慢慢地往洞裡鑽，當牠到達洞的出口時，絲線也被帶到了洞口。

Q*34* 數學難題

一天，雅典的一位數學家來找柏拉圖，要求他解答一個難題。題目是：用3個9表示出「2」這個數。聰明的柏拉圖輕描淡寫地對數學家說：「這不是什麼難題，只要用簡單的數學符號就可以了。」立即給出了答案。

柏拉圖是怎樣運用數學符號的呢？

A

$(9＋9)÷9$

Q35 **沈括算酒**

沈括是宋朝的大科學家，他曾經遇到過這樣一件事：

有一次，沈括來到一家酒店，酒店的主人對沈括說：「聽說您是天下少見的奇才，我就出一道題來考考你。你能一下子算出我這裡儲存了多少罈酒嗎？」

沈括一看，在牆角處堆著整整齊齊的酒，一共有 7 層，最上層是 4 × 8 個，第二層是 5 × 9 個，每下一層，長和寬兩邊各多出一個罈子。沈括微微一笑，就說出了答案。你知道答案是什麼嗎？

A

有 567 個罈子。

其實算法很簡單。只要計算當中 7×11 = 77 個即可，再把這個數乘以 7，再加上一個常數 28 就是答案。

Q36 鑽石竊賊

大仲馬在一篇小說裡描寫了一樁離奇的盜竊案。

一個飾品工匠從很多貴婦那裡盜竊了珍貴寶石，他用贗品冒充寶石或者改變寶石的位置，讓別人沒有發現他的罪行。

為了說明他狡猾的行徑，我們先瞭解一下古董胸針，上面鑲有 25 顆鑽石。擁有它的貴婦通常喜歡從上往下數到中央清點寶石，然後再從中間向左、向右和向下數。三個方向的寶石數目均是 13 顆。

貴婦犯了一個致命錯誤，她不僅相信工匠會修好她的胸針，而且還無意中向工匠透露了清點鑽石的方式。工匠交還胸針時，禮貌地當面把寶石清點給她看。此後，貴婦人仍然像往常一樣用這種方式清點她的鑽石，每次清點的數目都是 13，根本就沒有察覺到胸針上兩顆最好的鑽石已被竊走。這個狡猾的工匠通過變換鑽石的排列掩蓋了他的罪行，你知道他是怎麼做的嗎？

A

狡猾的工匠把上面的寶石增加一顆，這樣就可以拿走 2 顆，而按照貴婦人的清點方式，三個方向的寶石仍然是 13 顆。

Q 37 從1加到100

高斯是德國數學家、天文學家和物理學家，被譽為是歷史上偉大的數學家之一，和阿基米德、牛頓相提並論。

他小時候家庭貧困，但他非常聰明好學。有一個貴族看他聰明，就資助他到學校接受教育。

高斯很喜歡數學，有一次在課堂上，老師想找藉口休息，於是出了一道題：「1加2、加3、加4……一直加到100，和是多少？」

老師以為所有的孩子肯定會從1加到2一直加下去，那需要很長時間，老師就可以多休息一下。

可是，當同學們低著頭計算的時候，高斯卻站起來脫口而出：「答案是5050。」老師驚訝極了，不敢相信能這麼快得出答案。但高斯很認真地給老師重新算了一遍，讓老師心服口服。你知道他是用什麼方法快速地算出來的嗎？

A

原來，聰明的高斯發現，從1到100，第一個數和最後一個數、第二個數和倒數第二個數相加，它們的和都是一樣的，即1 + 100 = 101，2 + 99 = 101……50 + 51 = 101，一共有50對這樣的數，所以答案是50×101 = 5050。

Q38 第三隻手

貝多芬是聞名世界的音樂天才，在很小的時候就已經學會了譜曲和彈琴。

有一次，老師讓他譜一首曲子，他整夜沒睡，終於譜好了一首曲子。老師看後覺得非常好，但發現該曲子在演奏的時候，有一個地方是無法彈奏的，他指著那個地方對貝多芬說：「當演奏到這裡的時候，我的雙手分別彈到了鍵盤的兩邊，可是這裡有一個音符在鍵盤中間，我又沒有第三隻手，怎麼彈奏呢？因此這裡要改一改。」

貝多芬笑著說：「這裡不用改，我可以彈出來。」

老師不信，於是他就彈奏給老師看。你知道他是怎麼彈奏的嗎？

提示：老師認爲絕對不可能辦到的事，貝多芬卻輕易就做到了。敢於突破常規，也是他能青出於藍而勝於藍的原因之一吧。

A

當貝多芬彈奏到那個地方的時候，他的雙手彈響兩邊的音符，然後用鼻子按響中間那個音符。

Q39 韓信分油

韓信是漢代的大將，小時候便愛動腦筋，聰明過人。

有一天，街上兩個賣油人正在爭吵不休。路過的韓信出於好奇停下來觀看，原來這兩個人合夥賣油，因意見不合，準備把油桶裡還剩下的十斤油平分後各奔東西，為了分油不均而爭執不下。

韓信仔細端詳著，他們手頭沒有秤，只有一個能裝 3 斤的油葫蘆和一個能裝 7 斤的瓦罐。他們用油桶倒來倒去，雙方總不滿意，因而吵嚷起來。

有沒有辦法把油分精確呢？韓信忽然眼前一亮，大聲說：「你們不要吵了，沒有秤，也能夠分均勻！」說著，他把辦法告訴了賣油人。

照韓信的辦法，兩個人重新再分，果然都很滿意。你知道韓信的辦法嗎？

A

先用油葫蘆連裝三次，共裝 9 斤，將 7 斤的瓦罐注滿後，油葫蘆裡還剩 2 斤。然後將瓦罐的 7 斤再全部倒入油桶，這時油桶裡是 8 斤油。再將油葫蘆內的 2 斤油全部倒進瓦罐。最後用空葫蘆在油桶裡灌滿（3 斤），倒進瓦罐。這樣，油桶裡剩下的油和瓦罐中裝的油都正好是 5 斤。雙方各分其一，恰好各人所得完全相等。

Q40 馬克・吐溫的訃聞

有一年愚人節，有人爲了愚弄馬克・吐溫，在紐約一家報紙上登載啓事說他去世了。結果馬克・吐溫的親戚朋友們從各地紛紛趕來弔喪。

當他們到達馬克・吐溫家時，發現他活得好好的，還在伏案寫作呢。親戚朋友們大吃一驚，不知道是怎麼回事。

等他們明白是在愚弄馬克・吐溫時，一致強烈地譴責那家胡亂造謠的報社。但馬克・吐溫卻毫無怒色，反而幽默地說了一句話，說完，大家都哈哈大笑起來。

馬克・吐溫是如何說的呢？

A

他輕鬆地說：「報紙報導我去世是千真萬確的事啊，只是日期提前罷了。」

Q41 智擒盜賊

華盛頓小時候就聰明過人，一天，村裡的一個老爺爺的馬被人偷走了，村民們幫忙四處尋找，終於在牲口市場上找到了那匹馬。

可是，盜馬賊死活不承認這是偷來的馬。由於馬主人又拿不出有力的證據來，盜馬賊反咬一口，說村民們誣陷他，說著騎上馬就想溜。

這時，華盛頓用雙手蒙住馬的眼睛，問了盜馬賊幾個問題，很快就使盜馬賊在眾人面前原形畢露，只好承認自己的醜行。

他問了什麼問題呢？

A

華盛頓用手蒙住馬的眼睛，問盜馬賊：「你說這馬是你的，那你說這匹馬哪隻眼睛是瞎的？」

盜馬賊立馬愣住了，他沒有注意馬的眼睛有問題，只好瞎猜：「是左眼。」

華盛頓馬上放開左手，馬的左眼好好的，一點沒瞎。盜馬賊一看，馬上改口說：「我記錯了，是右眼。」

華盛頓又把右手放開，馬的右眼同樣也是正常的，盜馬賊無話可說，只得低頭認罪。

Q42 有錢的觀眾

布林德爾是奧地利著名的鋼琴演奏家。但是在他成名前，曾有過一段非常艱難的歲月。

一次，布林德爾去某城市演出，可是音樂會開始時，他發現有一大半座位都空著，這讓他十分尷尬，觀眾也顯得不夠熱情。於是布林德爾靈機一動，在演奏前先向觀眾們說了一句話，大廳裡頓時充滿了笑聲，大家不約而同地爲布林德爾鼓起掌來，音樂會在和諧、歡樂的氣氛中開始。

布林德爾用什麼話化解了尷尬的場面呢？

A

布林德爾説：「看來這座城市的人都很富裕，爲了有更大的空間來感受音樂，大家幾乎都買了好幾個座位的票。」

Q43 尷尬的首相

二次大戰期間，英國為了尋求聯盟共同對抗德國法西斯，首相邱吉爾與當時的美國總統羅斯福在華盛頓會面，羅斯福熱情地接待了邱吉爾，並安排他住進白宮。

清晨，邱吉爾為了放鬆一下，把浴盆裡放滿了水，躺在裡面，還抽著自己最愛的特大號雪茄。突然羅斯福推門而入，邱吉爾連浴室門都沒有關，大腹便便，整個肚子露出水面。

如此情景，使兩位領導人都非常尷尬。然而，邱吉爾拿掉嘴裡叼著的雪茄，說了一句話，立時化解了尷尬的場面。你知道邱吉爾是如何機智應對的嗎？

A

邱吉爾說了句一語雙關的話：「總統先生，我這個英國首相在您面前可真是沒有一點隱瞞啊。」

 問路

一個行人問伊索寓言的作家伊索說：「請問到最近的村子還得走多長時間？」

伊索說：「你就走吧！」

行人說：「我知道走，但請你告訴我需要多長時間。」

伊索說：「你就走吧！」

行人想，這個人可能是個瘋子，於是繼續向前趕路。

過了一會兒，伊索大聲對他喊道：「再過一小時就到了！」

行人回頭問：「為什麼剛才你不告訴我呢？」

是呀，伊索為什麼剛才不告訴他，要過一會兒才告訴他呢？

A

問路因為伊索要觀察行人走路的快慢，所以要等行人走一段路後才告訴他需要多長時間。

Q45 白馬王子

蘿莎心目中的白馬王子是高鼻子、白皮膚、長相帥氣的男士。她認識的亞歷山大、湯姆、傑克、彼特四位男士，其中只有一位符合她要求的全部條件。

1. 四位男士中，只有三人是高鼻子，只有兩人是白皮膚，只有一人長相帥氣。

2. 每位男士都至少符合一個條件。

3. 亞歷山大和湯姆都不是白皮膚。

4. 湯姆和傑克鼻子都很高。

5. 傑克和彼特並非都是高鼻子。

請問：誰符合蘿莎的全部條件？

A

因為亞歷山大、湯姆和彼特只符合一個條件，只有傑克符合兩個條件，所以他當然符合第三個條件。

 **怪船**

南宋時，襄陽被金軍圍困，宋將張貴造了 100 多艘戰船。這種戰船很奇怪，船上豎著旗幟，看守戰船的也只有幾個人，但敵人一跨上這種船，大部分人就都死了。這是一種什麼船呢？

A

無底船。敵人跳上船去，就被淹死了。

Q47 國王與阿凡提的鬥智

國王聽說阿凡提聰明絕頂，專門為百姓排憂解難，打抱不平，心裡很不高興，於是叫人去把他找來，想刁難一下他。

第二天，阿凡提來到宮中，國王便笑著對他說：「阿凡提，聽說你聰明絕頂，所以特意請你來為本王辦兩件事：你先給我蓋一間天那樣大的房子，然後再給我收集地那麼重的糧食回來。」

你能想到阿凡提怎樣巧妙地應付國王嗎？

A

阿凡提不慌不忙地說：「行，不過你得給我一把能夠量天的長尺，我才好給你量量天有多高多寬，再按這個尺寸給你蓋房；然後，你再找一桿能夠稱地的秤，我才好稱稱地有多重，我按這個重量給你收集糧食。」

國王一聽，頓時目瞪口呆，無言以對，只好讓阿凡提離去。

Q48 哥倫布豎雞蛋

當年，哥倫布雖然發現了新大陸，但是在西班牙國內卻沒有人認為他了不起。

在一個盛大的宴會上，大家又像以往那樣對他進行冷嘲熱諷。這次，哥倫布決定給他們一點回擊。

他隨手從桌子上拿起一個雞蛋，對奚落他的人說：「先生，您能把這個雞蛋豎起來放嗎？」

那個人試了試，沒有成功，說：「這是根本不可能的事！」

哥倫布輕輕一笑，就把雞蛋放好了。你知道哥倫布是怎樣做到的嗎？

A

他把雞蛋的一端輕輕地敲破一點，就毫不費力地把雞蛋豎著放在桌子上了。

Q49 水為什麼不會溢出來

在一個盛滿水的魚缸裡，將木塊、石頭或橡皮放進去，水就會溢出來，但為什麼將一隻跟上述物品同樣大小的金魚放進去，水卻不會溢出來？

A

你可以試試看，把金魚放進去，水同樣會溢出來。

你是不是在想「因為金魚有鱗片，或者金魚把水喝到肚子裡去了」等答案呢？

這是曾經兩次獲得諾貝爾獎的居里夫人小時候做過的一道題目。培養我們的創造性思維，不要迷信某種解題技巧，而是要遵循科學規律，親自動手試一試。

Q50 為難的聚會

電視臺有三個節目主持人，為了工作的需要，每個星期要聚會一次，討論近期的工作計畫。

但是有一個問題卻讓他們感到很為難。主持人甲不喜歡在下雨天出門，主持人乙則不願意在晴天離開家，陰雨天還可以。主持人丙則討厭陰天，只願意在晴天或者是下雨天出門。在這種情況下，他們三個人怎樣才能聚會？

A

什麼天氣都可以聚會。比如：如果是晴天，甲和丙到乙的家裡去。

Q51 法蘭西軍隊出征

一年冬天，拿破崙的法蘭西帝國軍隊向荷蘭的重鎮出發。荷蘭的軍隊打開所有的水閘，使法蘭西軍隊前進的道路被滔滔大水淹沒，法蘭西帝國的元帥立即下令讓軍隊向後撤退。

正在大家感到焦慮的時候，忽然元帥看到一隻蜘蛛正在吐絲，於是果斷地命令部隊停止撤退，在原地駐營，操練隊伍。

兩天過去後，漫天的洪水並沒席捲而來。後來在法蘭西軍隊元帥的帶領下，荷蘭的重鎮被攻破了。

你知道是什麼使法蘭西軍隊的元帥改變了主意，並取得最後的勝利嗎？

A

蜘蛛吐絲是寒潮來臨的信號，這時，法蘭西的軍隊就再也不用害怕荷蘭的水閘放水了，因為水都結成冰了。

Q*52* 巧用標點

一名書生到親戚家去串門，頃刻間外面下起瓢潑大雨，此時天色已晚，他只得住下來。但是這位親戚卻不樂意，在紙上寫了一句話：「下雨天留客天留人不留。」

書生看了，馬上就明白親戚的意思，心想：一不做、二不休，索性在下面加了幾個標點：「下雨天，留客天，留人不？留！」

親戚一看，自己的意思完全被顛倒了，但是也無話可說，只好給他安排住宿。

其實，這句話還有三種點標點的方法，請你加上標點試一試。

A

下雨天，留客，天留，人不留。
下雨天，留客天，留人不留？
下雨天，留客天，留人？不留！

Q₅₃ 無字天書

一個外出經商的生意人托人給在家的妻子帶回 10 兩銀子和一封信。
受託之人卻存心昧下銀子，只交給商人之妻那封信。

商人妻子打開信一看，是四幅畫：一幅畫有 7 隻鴨子；一幅畫有 1
隻鵝用嘴拼命地拉著躺在地上的大象；一幅畫了一把倒掛的勺子和
10 隻蒼蠅；最後一幅畫著 1 個男人，在嫩柳成蔭的路上走著。

她笑了笑，對受託人說：「不對。這位大哥，他叫你給我帶回了 10
兩銀子，請快給我吧！」說完，她指著畫一一解釋。受託人聽了大
吃一驚，趕快掏出銀子，不敢狡辯。

你看得懂這 4 幅畫的含義嗎？

A

商人妻子指著畫解釋：「7 隻鴨——是在喊我『妻呀』，鵝在拉死象——
是對我說『想死我啦』，勺子倒掛和 10 隻蒼蠅——是說他給我『捎了 10
兩銀子』，最後一幅是告訴我『來春楊柳一發芽就回家』。」

Q54 訓練公雞

印度國王想找一個最聰明的人來做宰相,他聽說某村有一個叫羅哈克的年輕人聰明絕頂,爲了考查是否如此,他叫人給他送去一隻公雞,要求羅哈克把公雞訓練成一隻好鬥的公雞,但不准使用別的公雞。羅哈克要怎樣滿足國王的要求?

A

羅哈克把公雞放在一面大鏡子前面,公雞在鏡子裡看到自己的影子,以爲是別的公雞,就試圖與鏡子裡的公雞搏鬥。這樣訓練了一段時間後,公雞自然變得勇猛好鬥。

Q55 智者妙計

國王為難智者，出了道難題：把一個南瓜放進一個瓷甕裡，但兩者都不能弄破。

瓷甕口小肚大，大南瓜怎麼能放進去？沒想到，過了幾個星期，智者就把放著大南瓜的瓷甕拿去給國王看了。

國王一計不成又生一計，下令驅逐智者：不准智者站在國王的土地上，結果智者機智地想了個辦法，巧妙地解決了難題。

請問，智者是怎樣對付國王的？

A

1. 智者找了一個正在瓜藤上長著的小南瓜，把它放進瓷甕裡，讓它在裡面生長。幾個星期後，解決了國王的第一個問題。

2. 智者準備一架牛車，牛車上的泥土是從智者自己的耕地裡挖來的，那麼，他就可以說：「我不是站在國王的土地上。」

Q56 動物園的標語

肯亞動物園裡，經常有遊客向鱷魚池內投擲物品。管理員想了很多辦法，總是無法禁止這種行為。後來，有位管理員聰明地在佈告牌上寫了一句話，才終止了這種不良風氣。請你想一想他寫了什麼？

A

這句話是：「凡向鱷魚池內投擲物品者，必須自己撿回！」

Q57 做什麼都行

一名商人常在別人面前吹牛，讓別人很反感。

一天，智多星遇到商人，商人又吹噓道：「我做什麼都行！」

智多星聽了道：「你做什麼都行，是真的嗎？有兩樣就不行。」

商人急問：「哪兩樣不行？」

智多星是怎麼回答他的呢？

A

做這不行，做那不行。

Q58 平分甘蔗

一根甘蔗要怎樣才能平分給 3 個人吃？

A

把它榨成汁，再平分成 3 杯。

Q59 包裝心理

一家汽車公司發現擋風玻璃運到汽車修理場時，破損壞率高達 3%。
可是包裝上可說萬無一失：外面是厚紙盒，裡面用泡沫塑料作襯
墊，紙盒上還印有醒目的「易碎品」字樣。可是為什麼搬運工人還
是不注意輕放，以致損壞很多呢？

後來，他們改進包裝，擋風玻璃果然很少被打碎了。

請你猜一猜，他們怎樣改進包裝的？

A

改用透明塑膠膜做包裝，搬運工人一眼就能看到裡面的擋風玻璃，所以
在搬運時自然會小心輕放，就很少打碎玻璃了。

Q60 探險家

一個探險家非常喜歡在荒野中露營。深夜時，每當他離開帳篷到左右不分的荒野中行走時，一定要準備兩個手電筒。

如果不是為了預防電池用完，那麼為什麼他要拿兩支手電筒呢？

一個是走路時用來照射前方的，另一個則是開著放在帳篷裡，作為回來時指引方向的「標示燈」。

Q61 下水道井蓋

小新是個愛思考問題的孩子，回家時，他看見一群工人正在安裝下水管，他發現井蓋都是圓的，覺得很好奇，於是問工人爲什麼。

工人們聽後哈哈大笑，說：「井蓋本來就是圓的，從來沒有見過方的或三角形的，這沒什麼好奇怪的。」

但是小新一定要弄個究竟，便去問一個博學的人，終於得到解答。

你知道是爲什麼嗎？

A

因爲只有圓形的井蓋在與井口垂直的情況下才不會掉進井裡。方形或三角形的井蓋在與井口垂直的情況下就很容易掉進井裡。

Q62 頭髮問題

老爺爺由於年事已高，頭頂上只剩下三根頭髮。

這天，他居然拔掉自己僅有的三根頭髮中的一根，變成只剩下兩根頭髮了。

他為什麼要忍痛拔掉其中一根頭髮？

因為他想要梳一個中分的髮型。

PART 3

柯南來辦案

Q₁ 女畫家之死

女畫家美枝子的屍體在其住所內被發現，第一個發現的人正是探長毛利小五郎。當時，感覺不妙的小五郎找來房東老太太，用備用鑰匙打開房門後，發現了美枝子的屍體。

小五郎推斷出美枝子的死亡時間是在昨晚 8 點到 12 點之間。

房東太太：昨晚 9 點左右，我看見美枝子的前夫知田先生從美枝子的房間裡匆匆走出來，美枝子是因為知田有外遇而與他離婚的。知田後來我打電話到美枝子房間，但沒人接聽。

於是，小五郎在另一個城市找到了知田。

知田：老太婆胡說八道，難道我還會分身不成？我是昨晚 10 點半到達橫濱的，11 點我還打電話找過美枝子，當時她的電話正占線，說明她正與人通電話。而這時我已身在橫濱，就算要去殺她，手也沒有這麼長吧？不信，你可以去問旅館接線員。

小五郎去問了接線員，果然有這回事。那麼凶手究竟是誰呢？

A

知田和情婦約好時間，讓她先給死者打電話，然後他再讓旅館接線員打電話給死者，這樣電話就占線了。

Q₂ 案發時間

一天夜裡，某社區發生了一起槍擊事件，社區裡的人都被吵醒了，只有四個人在醒來的第一時間看了表，他們分別是甲、乙、丙、丁。

柯南正好在附近，得知此案後，急忙趕到現場。在偵查現場後，他找到這四個看了表的人，並詢問他們。

這四個人對作案的時間，分別作了如下供述：

甲：「我聽到槍聲是 12 點零 8 分。」

乙：「不會吧，應該是 11 點 40 分。」

丙：「我記得是 12 點 15 分。」

丁：「我的表是 11 點 53 分。」

作案的時間怎會不一樣？其實，這是因為他們的手錶都不準。一個人的手錶慢了 25 分鐘，另一個人的手錶快了 10 分鐘，還有一個則是快 3 分鐘，最後一個慢 12 分鐘。

聰明的你能幫柯南確定作案時間嗎？

作案時間是 12 時 5 分。

看似複雜，其實正確的計算方法很簡單：從最快的丙的手錶（12 時 15 分）中減去最快的時間（10 分鐘）就行了；或者將最慢的乙的手錶（11 時 40 分）加上最慢的時間（25 分鐘）也可以。

Q₃ 誰偷走了項鍊

珠寶商約翰收購了一條鑲滿寶石的項鍊，價值連城。

一天，三個經常光顧珠寶店的富商 A、B、C 慕名來訪，約翰便打開珠寶盒，讓他們觀賞這條項鍊。之後約翰拿了一張封條，塗上漿糊，將珠寶盒重新封好，便陪他們到客廳聊天。

談話中，約翰發現 3 人的手指都塗著不同顏色的藥水：

（1）A 的手指發炎，塗著紫藥水；

（2）B 的拇指被毒蟲咬傷，塗著碘酒；

（3）C 的拇指被割破，塗著紅藥水。

談話間，3 人都上過廁所。談興正濃時，約翰的好友林德來訪，也要看一看項鍊。約翰帶著林德來到珍寶室，撕開剛黏上的封條一看，盒中的項鍊竟不見了！

林德問明情況，猜測偷項鍊的是 A、B、C 中的一個。

他倆回到客廳，當林德看到 3 個人的手指時，便指著其中一位說：「偷項鍊的就是他！」

你知道偷項鍊是誰嗎？林德的依據又是什麼？

A

偷項鍊的是 B。因為林德看到他的手指呈現藍黑色。約翰將珠寶盒用濕的封條封上，漿糊含有澱粉，當 B 的手指接觸到封條時，碘酒與漿糊中的澱粉產生化學反應，原來黃色的手指就會呈現出藍黑色。

 **不會說謊**

一艘客輪在海上航行。住在頭等艙的一位女工程師到甲板上散步。
這時狂風大作，八分鐘後她返回房間，發現價值 2 萬美元的鑽石戒
指不翼而飛，急忙報案。

保安立即對船艙逐一搜查。當搜查到隔壁客艙時，發現一個女演員
正在寫作，桌上放著一遝稿紙。

「小姐，您是從幾時開始寫作的？」

「從晚 7 時到現在，我一直在寫。」

警長發現稿紙上的字寫得整齊秀麗，立即大聲說：「你說謊！」

警察果然搜出了贓物。原來這名演員是個女賊。

請問：警長是根據什麼斷定女演員說謊的？

因為船在大風中航行時顛簸得厲害，而那名女演員卻能寫出整齊秀麗的
字，顯然是在說謊。

Q₅ 花瓣裡的珍珠

馬丁在阿姆斯特丹郊外的一所住宅被人偷了。盜賊用玻璃刀劃開對著院子的玻璃窗，偷走了馬丁太太的珠寶首飾。

根據鄰居們提供的線索，威爾遜警官很快確定了兩個嫌疑犯。一個是叫漢斯的青年。昨天中午過後，附近的孩子們看見他從馬丁家的院子裡出來。

另一個是叫法爾克的男子，他昨天夜裡 10 點鐘左右鬼鬼祟祟地在馬丁家附近晃悠，被偶然路過的巡邏員警發現。

馬丁和威爾遜警官一邊討論著這個案件，一邊走到了正值夕陽照射的院子裡，院子的花壇正開著各色的鬱金香。

這時，目光敏銳的威爾遜警官突然發現一朵紅色的鬱金香花朵裡有一粒珍珠，在夕陽的照射下正在閃閃發亮。他興奮地說道：「我知道誰是真正的盜賊了。」

你知道威爾遜警官為什麼這樣說嗎？

A

嫌犯是昨天中午在現場徘徊的漢斯。把珍珠掉在鬱金香花瓣裡就是證據。因為開花不久的鬱金香，一到晚上天黑後花瓣就會合上，所以被盜的珍珠掉在花瓣裡，說明作案時間是白天。

Q₆ 完好的郵票

郵票收藏家湯姆森在紐約的郵票拍賣市場上以 15 萬美元的高價，買下了一枚古郵票。經考證，這種郵票目前世界上僅存 26 枚，堪稱是郵票界中的珍品。

拍賣結束後，湯姆森走到停車場，剛想拉開車門的時候，突然頭部被人從背後用鈍器擊了一下，當即失去知覺。

當他醒來後，發現自己的手腳被捆綁著，身邊圍著三個戴著墨鏡、凶神惡煞的人。三個強盜想要從湯姆森手中搶到那張舊郵票，可是湯姆森早有提防，已妥善藏好郵票。

三個強盜搜遍了湯姆森全身上下，拿出他身上的所有物品，甚至用剃刀將衣服和鞋子內外都剝開了，只找到一張旅行支票、300 元現鈔、一條手帕、汽車鑰匙，還有一張使用過的明信片。明信片上繪有富士山圖案，是從日本寄來的，明信片上貴著一張 2010 年的郵票。

強盜始終沒有找到那張郵票，你知道郵票藏在哪裡嗎？

明信片上，那張舊郵票被貼在 2010 年郵票的下面。

Q₇ 判斷凶案現場

星期日的早上，一位獨居的作家被傭人發現死在書房裡，他的胸部中了兩槍。奇怪的是，刑警調查，附近的人竟然沒有聽到槍聲。

這時，書房牆上的大鐘敲了 9 下。

法醫看見一個答錄機，便隨手打開來，裡面錄的是昨天一場晚會的實況轉播。當播放到帕瓦羅蒂的演唱時，裡邊傳出兩聲槍響，緊接著是被害人的呻吟聲，然後是晚會現場的聲音。

「據此可以證明，被害人是昨晚 8 點 57 分遇害的，因為帕瓦羅蒂的演出就是 8 點 57 分開始的。」法醫說道。

刑警將磁帶重新聽了一遍。

「被害人是在別處錄晚會實況轉播時被槍殺的，然後凶手將屍體及這個答錄機一起搬來，偽裝成他是在這裡被殺。」刑警肯定地說。

「你的根據是什麼？」法醫問道。

「你再仔細聽一遍磁帶，裡面缺了一種聲音。」刑警打開答錄機。

你知道他指的是哪種聲音嗎？

A

如果真的是在書房被殺的話，那麼磁帶中就應該錄上 3 分鐘後時鐘的報時聲。之所以錄音中沒有敲鐘的聲音，是因為被害人根本是在別處被殺的。

Q8 誰是真凶

一個酷熱的晚上，發生了一宗奇特的凶殺案。一個中學教師被人發現倒斃在地上，上身赤裸。警方調查，發現死者是被人勒死的，很快就拘捕了兩個嫌疑人物。

第一個是死者的弟弟，他是個遊手好閒的流氓，染上毒癮，經常向他的哥哥索錢，兩兄弟時常發生爭吵。

第二個，是個被開除學生的家長，他為人粗暴，因兒子被開除曾對教師大發脾氣，懷恨在心。

根據死者現場的環境，警方估計案情大概是這樣，死者在住所的窗戶看到來找他的人，開了門，結果卻遭襲擊身亡。你猜哪個人才是凶手呢？

A

凶手是死者的弟弟，因死者上身赤裸，未穿上衣，表示凶手和他一定十分熟悉。如果是學生家長的話，死者在禮貌上一定會穿好衣服，不會赤裸上身。

誰偷走了保險箱

新一屆的首飾博覽會馬上就要召開了，珠寶設計師安娜提著一整箱她設計的藍寶石系列首飾，前來參加博覽會。

在她下榻的賓館，接待員露絲接待了她。安娜讓露絲幫她送一杯可樂，然後自己走進了洗手間。然而，她的臉還沒洗完，就聽見外面傳來撲通一聲。她急忙跑出來一看，只見露絲歪倒在門口，頭上流著血昏了過去。再往床頭櫃上看，裝寶石的保險箱不見了。安娜急忙按響警鈴。一會兒，警官威爾遜趕來了。他命令保全人員封鎖賓館，救醒露絲，並詢問她。

露絲說：「我給安娜小姐送可樂來，剛進房間，就覺得耳邊有一陣風吹過，接著頭就被什麼東西猛砸了一下，眼前一黑就什麼也不知道了，恍惚間看見一個蒙面大漢提著保險箱逃走。」

警官環視了房間一圈，見床頭櫃上還放著一杯完好的可樂。他沉思片刻，然後說：「我知道誰是嫌犯了，你還是將首飾交出來吧。」

他為什麼這麼說呢？

A

露絲夥同他人搶走了安娜的寶石。因為露絲聲稱自己是在送可樂時被擊中了頭部，果真如此的話，那杯可樂就不可能完好地放在櫃子上，而該是打翻了才對。

Q10 失蹤的贖金

百萬富翁貝克的獨生子突然失蹤，貝克收到一封恐嚇信：「如果你還想見到你的兒子，就把 100 萬美元贖金裝進手提包，明晚 12 點，叫你的司機到萬聖公園的雕像旁挖一個坑埋進去，後天中午你兒子就可以回家了。」

貝克心急如焚，立刻報警，警方派員警埋伏在公園暗中監視。

夜深了，公園門口有員警把守，雕像附近也藏了好幾個便衣警察。

司機帶著裝有 100 萬美元的手提包來了。他按照綁匪的要求，在黑暗中挖了一個很深的坑，把手提包放進去埋好，然後空著手走了。

員警們緊緊盯著雕像的一切動靜。可是到了第二天中午，還是不見任何人來取錢，貝克的兒子卻平安的回到了家。

警方不知綁匪用了什麼花招，決定挖開埋錢的坑，手提包還在，可是裡面的 100 萬美元卻不翼而飛了。

員警日夜監視那個坑，司機也確實把手提包放進坑中埋好了，那 100 萬美元到哪去了呢？綁匪又是誰？

A

綁匪是司機。贖金在汽車裡，車中放了兩個同樣的提包，埋進去的是空提包。

Q₁₁ 緝拿真凶

一場混亂的槍戰後，某醫生的診所裡衝進一個陌生人。

他對醫生說：「我剛穿過大街時突然聽到槍聲，只見兩個員警在追一個逃犯，我也加入了追捕。但是在你診所後面的那條死巷裡遭到那個傢伙的伏擊，兩名員警被打死，我也受傷了。」

醫生從他背部取出一粒彈頭，並把自己的襯衫給他換上，然後又將他的右臂用繃帶吊在胸前。

這時，警長和議員跑了進來。

議員喊：「就是他！」

警長拔槍對準了陌生人。

陌生人忙說：「我是幫你們追捕逃犯的，不是犯人！」

議員說：「你背部中彈，說明你是逃犯！」

在一旁目睹一切的亨利探長對警長說：「這個傷患不是真凶！」

那麼誰是真凶呢？

A

議員才是真正的凶手。他進診所時，陌生人已經換上了乾淨的衣服，並且吊著手臂，他不應知道陌生人是背部中彈。

Q12 肇事車的車牌號碼

一輛汽車肇事後逃跑，警長立即趕到出事地點。

一位目擊證人說：「當時自己車後有一輛車突然拐向小路飛駛而去，我順手記下了那輛車的車號。」

警長說：「這很可能就是肇事的車輛，我馬上叫員警搜捕這輛18UA01號車！」

幾小時後，手下告訴警長，證人提供的車號是個空號。現在已把近似的車都找來了，有18UA81號、18UA10號、10AU81號和18AU01號共四輛車。

警長思考了一下，從四輛車中找出了那輛肇事車。他是如何判斷的呢？

A

警長斷定是10AU81車牌肇的事。理由是證人從自己汽車的後視鏡中看到並記下的車號，左右位置顛倒了。

Q13 巧破謀殺案

一艘豪華客輪正在太平洋上航行，一天早晨，在船尾的甲板上發現了一具女屍。死者是以服裝設計為業的蘿絲，她是被人用刀刺死的，死亡時間約在前一晚 11 點左右。

客輪正航行在太平洋的中央，即使想利用救生艇逃走，也不見得能保住性命，所以凶手應該仍然在客輪上，但凶手為什麼要留下屍體呢？

事實上，船上有兩個人具有謀殺蘿絲的動機。

鍾斯——被害人的侄子，也是遺產的繼承人。因為嗜賭如命，欠了一屁股債。

博特——被害人秘書，由於侵佔公款，被革職不久。

根據以上資料，請你推理看看誰是凶手？

A

凶手是遺產繼承人鍾斯。他為了早點把遺產弄到手，沒有將屍體丟入大海，而是刻意留下。因為法律規定，在失蹤期間，失蹤人的財產是不能被繼承的。

Q14 哪裡露出了破綻

湯姆為了滅口，把瞭解自己底細的情人蘇姍殺死，並將她偽裝成上吊自殺的樣子。被繩圈勒住脖子的屍體，兩隻赤腳離地大約有 50 釐米。湯姆戴上手套，將化妝台邊的凳子放倒在死者的腳下。

那是一個外面包有牛皮的圓凳，這樣一來，就變成女子用凳子墊腳而上吊自殺的。但當屍體被人發現後，警察檢查了凳子後說：「這絕不是自殺，而是他殺！」

是哪裡露出了破綻呢？

A

如果被害女子是自己踩凳子上吊的，那麼凳子上一定會留下她的足跡。

Q15 自投羅網的凶手

琳達在她豪華的別墅裡慘遭殺害，007 聞訊後馬上趕到現場，迅速檢查了紅色地毯上的屍體。

「她是被人用手槍柄敲擊頭部而死的，她被敲了四五下。」警長漢斯在屍體旁找到一把手槍，小心地吹去上面的灰塵以便提取指紋。

「我已經給她的丈夫馬丁打了電話。」警長說，「我只說他必須馬上趕回家。我討厭向別人報告噩耗，等一會兒你來告訴他好嗎？」

「好吧。」007 答應了。

救護車剛剛開走，死者丈夫就心急火燎地闖進門來了。

「我不得不遺憾地告訴您，她在兩小時前被人殺害了。」007 說。

「我在槍上找不到指紋。」警長用手帕裹著槍走進來。

馬丁緊盯著被裹在手帕中的槍，臉上的肌肉抽搐著，激動地抓住警長的手說：「如果能找到那個敲死琳達的凶手，我願出 8 萬美金重酬。」

「省下你的錢吧，」007 冷冷地道，「凶手還不至於那麼難找吧。」

為什麼他會這麼說呢？

A

假如馬丁是無辜的，他就不可能知道妻子是被敲死的。他看到手槍，照理應認為妻子是被槍殺的才對。

Q16 王牌間諜

第一次世界大戰時，德國女間諜瑪麗‧哈莉以舞蹈明星的身分在巴黎搜集情報。她利用自己的美貌，結識了法國政府裡的一位高官——摩根將軍。瑪麗發現摩根將軍經常將政府的重要文件帶回家，鎖在書房的保險箱內。

半夜兩點，瑪麗乘摩根將軍不備，用放有安眠藥的酒灌倒了摩根將軍，然後快速進入書房，直奔擺放在古老大鐘旁邊的保險箱。

瑪麗發現保險箱上撥號盤的號碼是六位數。她知道摩根將軍是個健忘的人，因此一定會把保險箱的密碼記在什麼地方。可是找遍整間書房，也找不到絲毫線索。當時已接近深夜兩點了，正當她想放棄時，突然看到了一樣東西，讓她靈光乍現：「對了，保險箱的密碼一定就是這個！」結果，瑪麗成功地竊取了保險箱裡的機密情報。

你知道瑪麗究竟是根據什麼找到密碼的嗎？

A

撥號盤上的號碼是六位數，也就是說密碼由六個數字組成，而老鐘上面顯示的時間並不是兩點鐘，而是 7 點 45 分 15 秒！於是，瑪麗把它想成晚上的時間，也就是 19 點 45 分 15 秒，果然打開了保險箱。

書房有時鐘是很常見的，尤其是在時間緊迫的情況下。瑪麗能夠冷靜地發現他人不容易想到的細節，說明她具備極強的觀察和分析能力，不愧為著名的王牌間諜。

Q₁₇ 一場陰謀

三名男子肯達、弗特、哈威在一家飯館裡喝啤酒，突然店內變得一片漆黑，原來是停電了。不一會兒，侍者送來蠟燭，於是他們繼續喝著酒。幾分鐘後，哈威痛苦地掙扎起來，很快就倒地停止了呼吸。

警方經過調查，發現哈威喝的啤酒中有劇毒。

聽了警方的報告，探長查斯曼問：「停電是偶然的嗎？」

「不，三天前就貼出佈告通知了。」

「那麼凶手一定是看到佈告後做好殺人準備的。」探長說道。

當時在現場的客人只有他們三個人。

「那麼，向酒杯裡投毒的凶手不是肯達，就是弗特。」

警方對兩人隨身攜帶的物品進行了檢查，肯達帶的物品有香菸、火柴、手錶、感冒膠囊、車票和 800 元美金。弗特帶的物品有手錶、手帕、口香糖、記事本、老式鋼筆和 600 元美金。

在這些物品中，沒有可以盛放毒液的容器。侍者證實，肯達和弗特誰都沒有離開座位。所以他們沒有機會丟棄任何容器。

探長查斯曼將兩人攜帶的物品看過之後，卻立即指出了凶手。

那麼凶手是肯達還是弗特？凶手又是用什麼東西盛放毒液的？

A

凶手是弗特。他的作案工具就是那枝吸了毒液的老式鋼筆。

Q18 神秘的呼救

偵探盧諾為了瞭解關於昨天一宗銀行搶劫案的情形，到數學教授薩胡爾家去做客。

盧諾在約定的時間到了薩胡爾家，當他正準備按門鈴時，發現大門是半掩著的，便走進了教授的家中。

他沒有看見教授。掃視整個客廳，目光停在一台家用電腦的螢幕上，上面打著「101 × 5」一道算式。

盧諾看了覺得十分納悶，薩胡爾教授是什麼意思呢？

突然，盧諾從這道算式中覺察到了什麼，立即撥了 110。這是怎麼回事？

A

101×5 = 505，505 看上去就像是 SOS，即求救訊號。

Q₁₉ 手印

一所公寓裡發生了凶殺案，一個畫家在臥室裡被人用刀刺死。臥室的牆上清晰地印著一個鮮紅的手印，五個手指的指紋清晰可辨，連手掌紋路也很清楚。看來是凶手逃跑時，不小心把沾滿血的右手按到牆壁上。

私家偵探貝內特趕到現場時，見到老熟人力諾警官正在小心地收集上面的指紋。

貝內特仔細觀察了一下，對力諾說：「你還是找找看有沒有其他線索吧！」

力諾奇怪地說：「這些指紋難道不是重要的線索嗎？」

貝內特聳聳肩道：「這個血手印很可能是嫌犯偽造的，目的就是要誤導警方。」

力諾問：「你怎麼知道？」

貝內特說：「你試著用右手在牆上印個手印就知道了。」

貝內特是怎麼看出手印有問題的？

A

當手掌貼在牆上時，拇指和其他四個手指不同，是側面貼著牆的，所以正常情況下，拇指的指紋不會全在牆上印出來，因而才產生了懷疑。

Q20 誰是凶手

美麗的公主突然被人殺死，皇帝立即召集群臣入宮，傳旨：「小女被害，不知凶手何人，哪位愛卿奏知，必有重賞。」

宰相上前啟奏：「啟稟萬歲，此事小臣略知一二，但不敢直言，臣寫四個字，請萬歲在每個字上各添一筆，即知凶手是何人。」奏罷，呈上一紙。

皇上一看，上邊寫的是「茱、如、禾、七」四個字。你猜得出凶手是誰嗎？

A

謎底是「菊妃殺女」。

Q21 誰在騙人

威廉是豪華巨輪「伊莉莎白」號的主人。這天，他邀請好友齊聚「伊莉莎白」遠航日本。

正當他們玩得高興時，威廉的一位好友大叫，稱他那裝有機密檔案的公事包丟失了。威廉立刻把船上的五名船員叫來一一詢問。

船長說，剛才他在駕駛艙裡一直沒走開過，有錄影帶可以作證；技師說他一直在機械艙保養引擎，好讓引擎能一直保持一定的速度，可是沒人可以證明；電力工程師告訴威廉，他剛才在頂層甲板更換日本國旗，掛上去以後發現掛倒了，於是重新掛了一次；還有兩名船員說他們在休息艙打牌，互相可以作證。

威廉聽完，立刻指出其中一個人在說謊，並且讓他交出公事包。聰明的你知道誰在說謊嗎？

A

電力工程師在說謊。日本國旗是白底加太陽的圖案，無所謂正反的區別，更別說出現掛倒這種事了。所以，電力工程師根本沒有重新掛旗，他有足夠的時間作案。

Q₂₂ 抓出偷竊犯

江陵城外有個佛光寺，寺裡有座寶塔，塔頂上有一顆閃閃發光的大佛珠，寺廟因此而得名。

這年中秋節，寺院的老和尚要外出化緣，便留下兩個徒弟看守寺院。

半個月後，老和尚化緣歸來，發現塔頂上的佛珠被人偷換走了，便叫來兩個徒弟詢問。

大徒弟說：「昨晚我上廁所，借著月光，看見師弟爬上塔偷走了佛珠。」

小徒弟爭辯道：「我昨晚整夜都睡在禪房裡，從沒起來過，佛珠不是我偷的。好像自從師傅走後，佛珠就沒有發過光。」

老和尚聽完兩人的敘述後，便知道誰說謊，偷換了佛珠。你知道是誰嗎？

A

大徒弟說謊，是他偷走了佛珠。因為老和尚是中秋節外出，半個月後回來時應是農曆初一，沒有月亮，哪能有月光呢？

Q23 毒酒如何來的

亨利探長應友人之邀，去一家小酒店飲酒。突然，隔壁桌喝酒的一位老闆嘔吐起來，兩位保鏢立即拔出匕首，對準與老闆同座的一位商人。

亨利探長一問，才知雙方剛談成一筆生意，喝酒慶賀，誰知道老闆竟中毒了。那位商人舉著雙手，嚇得不知所措。

探長走上前，摸了摸溫酒的錫壺，又打開蓋子，看見黃酒表面浮著一層黑膜，就說：「果然是中毒了！」

這時，中毒的老闆搖晃著身子說：「探長，救救我！他身上一定帶著解毒藥！」探長笑著說：「錯了！是你做東請客的，他怎麼有辦法投毒呢？」

大家很吃驚，難道酒裡沒有毒？

請問酒裡究竟有沒有毒，毒酒又是從何而來的呢？

A

毒酒是溫酒溫出來的。這裡的錫壺大多是鉛製的，含鉛量很高。酒保把鉛錫壺直接放在爐子上溫酒，酒中就帶上了濃度很高的鉛和鉛鹽，多喝幾杯，就會出現急性中毒。

Q24 氣象員之死

在森林裡一棵大樹下的帳篷裡，發現了失蹤的老氣象員的屍體，像是被人殺死的。

然而，當警方得知他是個老氣象員後，只看了一眼現場，就馬上下了結論：

「罪犯是在其他地方作的案，然後將屍體轉移到這裡來，偽裝成死者在帳篷裡被殺的假象。」

此結論的理由何在？

A

警方一看帳篷支在一棵大樹下，就斷定為他殺。因為被害人是有經驗的老氣象員，不可能在野外將帳篷支在大樹下，如果天氣驟變，會有遭雷擊的危險。

Q25 答錄機裡的秘密

某公寓發生了一起凶殺案，探長來到現場偵察。法醫經過檢查後，斷定被害人是被一把刀刺中心臟而死。

探長發現桌上有一台答錄機，問其他警員：「你們開過答錄機沒有？」眾警員都說沒開過。

探長按下播放鍵，傳出死者死前的聲音：

「是我老公想殺我，我看到他進來，手裡拿著一把刀。他不知道我在錄音，我要關答錄機了，我馬上要被他殺死了。」喀嚓，錄音到此中止。

探長聽後，馬上對屬下說，這段錄音是偽造的。你知道探長為什麼認定這段錄音是偽造的嗎？

A

如果真的是被害者老公殺的話，死者不可能說：「他不知道我在錄音，我要關答錄機了。」

因為在關閉錄音的時候會發出喀嚓的聲響，必然驚動她老公，被殺者錄音並不被殺人者所知，這樣才能留下這段錄音，否則殺人者就可能知道答錄機所在何處，離開時也會同時把錄音甚至答錄機銷毀，就不會存在這個錄音了。

Q26 「墨鏡」的指證

夜裡，名偵探森姆在前往調查案件的路上，無意中看見一幢屋子房門虛掩著，而燈卻開著。他很好奇，進屋意外發現兇殺案，看到被害人特納被捆在椅子上，頭部遭重擊致死，森姆偵探馬上報了警。

哈爾警官帶著大批員警很快抵達現場，經過縝密偵查，發現了一名嫌疑人——被害人的鄰居坦普爾。坦普爾曾經因為寵物的問題與死者發生過爭執，但是他堅決不承認是他殺害了死者。

坦普爾說：「我下午還到特納家去借象棋呢。是他本人開的門，戴著墨鏡，剛睡醒的樣子。借了象棋後，我就回家了。」

哈爾警官說：「戴著墨鏡？你確定是他本人嗎？」

坦普爾說：「對，的確是他本人。多年的鄰居我怎麼可能認錯呢？」

哈爾警官猛地一拍桌子，「你撒謊！案發現場根本沒有發現墨鏡。」

這時，森姆偵探果斷地下了結論，對坦普爾說道：「凶手就是你！指證你的鐵證就是那副墨鏡！」墨鏡到底是怎樣指證他的呢？

A

凶手正是坦普爾。

因為特納的眼鏡是變色眼鏡，如果下午在睡覺，燈光一定是關著的，他的變色眼鏡不會顯示成墨鏡。晚上一般會開著燈，這種情況下變色眼鏡才會顯示成墨鏡色。只有坦普爾晚上去過死者的家，才會看到眼鏡是墨色的狀態，才會誤認為是墨鏡，其實只是變色眼鏡。

Q27 會「說話」的煙袋

王李兩人因一管旱煙袋來到衙門請縣令明斷。李說煙袋是他重金所買，王說煙袋是他家祖傳的寶貝，已用 20 多年了。兩人爭執不休。

縣令說：「這梨木煙袋確實不錯，我也喜歡，這樣吧，我出 20 兩銀子買下了。你們每人在堂上各抽 3 袋煙，然後各取一半銀子回家去吧。」

抽煙時，姓李的那個人吹不出煙灰，就用一根小竹片將煙灰挑出；姓王的卻將煙袋用力地在地上磕打以磕出煙灰。

縣令見後，把煙袋判給了姓李的那個人。縣令是怎麼知道煙袋的主人是姓李的呢？

A

因為姓李的人很愛惜煙袋，而姓王的人雖然嘴上説是自己的傳家寶，但他用力地磕煙袋裡的煙灰，一點都不愛惜煙袋，所以可以推斷他是説謊。

Q_{28} 銀子換紅棗

一個生意人，因為做小買賣掙了不少錢。一年，他要出門談一筆生意，銀子帶在身邊很不方便，於是就把銀子裝到罈子裡寄存在鄰居那裡，謊稱裡面是一罈紅棗。

誰知生意人一去三年才回來。當他向鄰居要那罈銀子時，鄰居竟然真的給他拿來一罈紅棗，他不甘心損失，就去官府告狀。

在衙門，兩個人吵了起來，鄰居對縣令說：「他把罈子交給我時就是紅棗，我根本沒看見什麼銀子。」縣令看了看罈裡的紅棗，把桌子一拍，要鄰居把銀子交出來，鄰居大呼冤枉，於是縣令告訴他其中的道理，鄰居只得認罪服法。

你知道縣令的道理是什麼嗎？

A

縣令說：「商人外出三年，紅棗早就應該乾癟甚至腐爛了，怎麼可能新鮮完好呢？」

Q29 聰明的女盜賊

女盜賊美子從地下金庫裡盜出了 100 千克的金塊，企圖放在轎車裡，連車一起裝上貨輪運往國外。

希爾偵探得到這一情報，迅速通報警方，刑警立即趕往碼頭，在裝船前將美子的車扣了下來。

「你們要幹什麼？我車上可沒裝任何違禁物品呀。」美子抗議。

「你說謊，盜來的金塊就藏在上面吧。」

刑警們查看汽車，可是，搜來搜去，連 1 克金塊也沒找到，一無所獲的刑警們頗感失望。

「你們瞧，這個希爾偵探也是頭昏了，竟向你們傳遞這種捕風捉影的情報。哈哈哈……」美子冷笑著。

這時，希爾偵探剛好趕到，一眼就看出了名堂。

「你們是怎麼搜查的，黃金不就在你們的眼皮底下嗎？」

美子到底將 100 千克的金塊藏到哪兒了呢？

A

車體本身就是用黃金製作的，因塗上了塗料，所以刑警們全然沒有注意到車身會是用黃金製成的。由於純黃金很軟，又具有黏性，所以能隨意加工成各種形狀。加工薄片可以加工到 0.0001 毫米薄的金箔，1 克黃金就可以拉出 3000 米長的細絲線。利用這種特性，還可將金塊加工成壁紙一樣厚度，裝飾到牆壁上，以便隱藏。

Q30 懸賞啟事

小林的一塊祖傳懷錶丟了，他讓司機哈利在當地的報紙上登了一則懸賞啟事，全文是：懷錶屬祖傳遺物，懸賞 250 美元，有消息望告知，登廣告者 LM361 信箱。

不久，門鈴響了，來了一個人，說：「我叫恆瑞，是來給您送那塊錶的。」

「啊，您在哪兒撿到的？」小林沒想到失物復得，激動地說。

「它是我在一個兜售這塊錶的孩子那裡，用 5 美元買來的。看到啟事，馬上就趕了過來……」

還沒等他說完，小林就將他扭送到了警察局。這是為什麼？

A

啟事中沒有地址，只有信箱號碼。如果恆瑞只看啟事的話，是不可能知道當事人住址的。

Q31 離奇火災

某處民宅發生火災，造成 3 人死亡。由於該民宅係老式木造房屋，故燒得非常快，使得迅速趕到的消防員無法救火，也讓火災現場的勘察變得極其困難，因為幾乎一切都化成了灰燼。

李警官被請來協助勘察起火原因，到達現場後，只得去找唯一的逃生者進行調查。被調查的人是該戶人家的兒媳。

據她稱：當天早上，公婆和丈夫均尚未起床，她早起為他們做早餐。當她在做早餐時，去洗手間片刻，以致油過熱起火，她從洗手間出來，立即救火並關掉瓦斯爐開關。不幸的是，她忙中出錯，竟將灶臺上的一桶油當作水澆在起火的鐵鍋裡，以致火勢更大。

她嚇得逃離了現場，而公婆和丈夫發現大火時為時已晚，窗戶均有鐵柵無法逃生而被燒死。你能分析出這是失火還是縱火嗎？

A

是縱火，分析如下：

A. 少婦是撒謊的縱火犯，因為鐵鍋內油著火後，澆一桶水與澆一桶油的情況恰恰相反。油比水輕，若澆水，反令火勢更大，而澆一桶油，則火會因缺氧而熄滅，不會使火勢更大。因此，少婦所述與實際情況不符。

B. 少婦是縱火犯。窗外有鐵柵，而門外無鐵柵，其公婆和丈夫可從門口逃生，但沒有逃出去，可見門被鎖了。火災後，門被燒毀，證據也被燒毀。少婦所述隱瞞了真相。

Q32 凶器是什麼

一天，樂師的妻子正在午睡，被不知何時偷偷潛入的凶手用尖銳的利器刺穿了咽喉。

當時牆上大鐘剛在3點整，而凶手逃走時正巧碰上管家，只好束手就擒。

警方調查，發覺凶手身上竟然找不到凶器，查問當時正在院子裡修剪花草的園丁，也說案發時窗子是關著的，可見凶器並非被丟到了窗外。

次日，報紙報導了這宗懸疑凶殺案。柯南看見後，不禁道：「難道警方都是瞎子嗎？凶器不是遠在天邊，近在眼前嗎？」

柯南為何如此說？

A

凶器就是掛在牆上大鐘內的長針。因為長針是用銅片製造的，由於前端鋒利，可以刺穿喉嚨。凶手殺人後，將針上的血跡拭去，又把它放回了原處。

Q33 分辨殺人凶手

一個女明星被殘忍的殺害在自己的鞋櫃附近，警方逮捕了兩個嫌犯，但不能肯定誰是凶手。

警方展開進一步的調查，發現被害人生前很喜歡收藏鞋子，她被殺害的時候，鞋櫃被無意中翻亂後被凶手重新擺好。

警方清理後，發現她有八十雙鞋子，紅色的櫃子裡有紅色和綠色的鞋子各二十雙，綠色的櫃子裡有紅色和綠色的鞋子各二十雙，這些鞋子擺得很整齊。

警方提審兩個嫌犯，問誰是色盲，甲立刻指證說：「乙是色盲。」乙是凶手嗎？

A

甲才是凶手，因為鞋子很整齊，乙是色盲，他不會把鞋子擺得那麼整齊。

Q34 主持人之死

女主持人維納斯乘飛機到美國紐約，途中，吃了朋友送的巧克力後中毒身亡。

美國警方負責調查此案。他們向維納斯旁邊的人確認過，那盒巧克力在上機前沒有拆封過，因此排除送巧克力的人的嫌疑。

當時在維納斯身邊能接觸到她的人，只有跟隨她上機的替補主持、化妝師和攝影師。警方將三人找來警局錄下口供：

替補主持：我坐在死者對面的座位，一直在和她聊主持節目的事。

化妝師：我坐在普通艙，在途中給維納斯化過妝。

攝影師：我一直坐在維納斯後面，因為攝影機有點兒故障，我一直在修理。

當時在機上的服務員向警方提供了一條線索。

服務員：我送餐的時候，因為死者當時太睏，倚在旁邊的男人肩上，那男的就打了死者一耳光，之後死者吵了起來，她和其他服務員勸住了死者。請問凶手是誰？

A

化妝師。她給死者化妝的化妝品裡有毒，當初只是想毀壞死者的臉部，但之後有人打了死者，一般情況下，愛美的女性都會用手去撫摸臉部，接著在吃巧克力的時候就中了毒。

Q35 抓強盜

柯南和父親出門，住在一家旅館內。

到了半夜，一個強盜手持鋼刀闖進他們的房間，用刀逼著柯南和他的父親交出財物，否則就要對他們行凶。

這時，打更的梆子聲由遠而近地傳來，心虛的強盜催促柯南趕快交出財物來。柯南卻告訴強盜：「你要是著急的話，你就自己點盞燈來找好了。」

就在門外的梆子聲越來越近的時候，柯南把壓在父親枕頭下的錢交給了強盜。可就在這時候，已經走到他們門口的更夫卻忽然大喊道：「抓強盜了，來人啊……」

很快，聞訊趕來的群眾就將來不及逃走的強盜抓住了。

你知道柯南是怎麼向窗戶外的更夫發出信號的嗎？

A

柯南特意選在更夫走到屋子門外的時候點亮燈盞，這樣一來，強盜拿著刀的影子就很清楚地映在窗子上，給更夫提供了一個最好的暗示，所以更夫才得以知道屋子裡有強盜。

Q36 誰是劫匪

警官丹尼爾在街上巡邏時忽然聽到爭吵聲，於是上前查看，看見有兩個男子正在爭奪一塊手錶。

兩個男子，有一個身體強壯，穿著十分得體，另外一人則身材削瘦，看起來像是一個工人。

看到丹尼爾，兩人連忙停手，轉而向丹尼爾訴說起事情的經過。

身體消瘦的男子說：「我下班回家時，這個人突然走過來，想強搶我的手錶。」

身體強壯的男子則對丹尼爾說：「你不要相信他的鬼話。這只手錶很名貴，這個人怎麼有資格戴呢？」

丹尼爾仔細看了看這兩個人，又拿起手錶。接著，他掏出手銬，銬住了身體強壯的男子。丹尼爾為什麼能斷定身體強壯的男子是劫匪？

兩個男子的身材既然相差懸殊，手腕粗細自然也會有明顯的分別。只要仔細觀察一下錶帶上的洞孔痕跡，便會清楚地知道手錶的主人是誰了。

Q37 陰謀

音樂會開幕當晚，皮特對他的兩個得意門生馬拉和梅西誰將首次登臺演奏小提琴，仍然猶豫不決，開幕前 15 分鐘，他告知馬拉準備出場演奏，然後將這個決定也告訴梅西。

10 分鐘後，皮特去叫馬拉準備出場，卻發現馬拉倒斃在小小的化妝間，頭部中彈，血流滿地，皮特慌忙敲開舞臺側門，將這一慘案報告尼克探長。

探長見開場時間已到，就勸皮特先別聲張，繼續演出，然後走進梅西的化粧室，梅西聽到讓他登臺，沒有詢問情由，便拉拉領帶，拿起琴和弓，隨皮特登臺了。

當聽眾如癡如醉地沉浸在優美的樂曲中時，尼克探長卻拿起電話通知警方前來逮捕這位初露頭角的小提琴手。

探長為什麼要逮捕梅西？

A

梅西事先已做好演出準備，說明他對馬拉的死和自己將上場演出有準備，證明他有很大嫌疑。因為如果他事前不知情，上場前就應準備用松香先擦擦弓，並調好琴弦。

Q38 鑽石大盜的計謀

在一輛特快列車的餐車裡，穿著華貴的休夫人和年輕的女孩珍妮佛談得十分投機。其實珍妮佛是個鑽石大盜，這次她看上的是休斯頓夫人隨身佩帶的價值 100 多萬美元的珠寶。

凌晨 3 點 30 分，乘客們都在熟睡時，珍妮佛悄悄來到休夫人的包廂門前，從鎖眼裡吹入迷藥，迷倒休夫人。

得手的珍妮佛回到自己的包廂，假裝入睡。天亮時，休夫人發現自己的珠寶全部被盜，趕緊報警。列車進站停下後，警方帶人上車進行調查。由於列車夜間沒有停靠過任何車站，珠寶肯定還在車上。

警方和休夫人一起對車上每位乘客進行嚴格的檢查。查到珍妮佛時，休夫人忽然看到行李架上有一個行李箱看上去很眼熟。可是打開一看，裡面只是一些隨身衣物而已。搜查進行了 4 個小時，卻根本沒有發現珠寶的影子，警方只能帶著手下垂頭喪氣的離開。

珍妮佛順利地帶著她盜來的珠寶回到自己的住所。

請問：她是如何做到的？

珍妮佛使了一個調包計。她把珠寶藏在休夫人的行李箱內，因為她斷定警方不會想到去檢查受害人的衣物。等到列車靠站，全部行李都堆放在月臺上，珍妮佛便用事先準備好的一模一樣的行李箱調換了休夫人的行李箱，於是珠寶就到了她的手裡。

Q39 如果你是福爾摩斯

湯姆向歐文借了很多錢，買了一棟豪華的別墅，可是都快半年了，湯姆還沒有還錢的意思。歐文斯實在是無法忍受，就按響湯姆新家的門鈴，到他家裡要錢。

兩人在爭吵中動手打了起來。歐文用手死死地掐住湯姆的脖子，湯姆在掙扎中，左手摸到一個錘子朝歐文的頭砸去。歐文斯隨即倒地，停止了呼吸。

殺死歐文後，湯姆馬上把歐文的屍體拖到後院埋起來，然後擦乾淨所有的血跡，再認真清理歐文可能碰過的東西，不留下一個指紋。

正當他做完這一切的時候，門外響起了急促的敲門聲——是歐文的兩位員警朋友。歐文曾交代，如果他在下午還沒有回到家的話，就讓他的員警朋友來這裡找他。

儘管湯姆十分鎮定，但警方還是不費吹灰之力就找到歐文的留下的一枚指紋。

你知道這枚指紋在哪裡嗎？

A

歐文是按門鈴進來的，所以門鈴按鈕上還留有一個指紋。而警察敲門進來的原因，就是為了不破壞這個沒有被清除掉的指紋。

Q40 起火案

一天深夜，一家商店的會計室突然起火。儘管值班的會計奮力撲救，仍有部分帳簿被大火燒毀。

警方向渾身濕透的值班會計詢問案情。

「前幾天，我就發現會計室的電線時常爆出火花。今天，我將全部賬簿翻了出來，堆在外面，準備另換一個安全的地方，不料電線走火，釀成火災。幸虧隔壁就是洗手間，我迅速放水把火撲滅，才未釀成大禍。」

「你能肯定是電線走火嗎？」警方追問。

「能。這裡沒有抽菸的，又沒有能自燃的其他物品和電器。對了，我剛才進來救火時，還聞到電線被燒後發出的臭味呢。」

「夠了！」警方呵斥道，「你是擔心自己貪污的事暴露，所以故意縱火的吧？」

警方為什麼為發現是會計的自導自演呢？

電線走火決不能用水滅火，只能用噴射四氯化碳或二氧化碳的滅火器滅火。會計說是自己用水把火撲滅的，又肯定說火災是電線走火引起，顯然違反常理。

Q41 離奇的命案

沙灘上，發生了一樁離奇的命案，死者是黑社會幫派老大。本來，像這樣的人應該有保鏢跟隨，但在案發當日，死者卻獨自一人享受日光浴，把保鏢支開，想不到就出事了。

當莫斯探長趕到現場偵察時，發現死者是在沙灘上被人用太陽傘尖刺斃的，沙灘上除了保鏢的足跡，和那些東倒西歪的桌椅外，再也找不到第二個人的足跡。據調查，保鏢不可能殺害老大，那凶手是怎樣逃走的呢？

探長沉思了一會兒後說：「我知道誰是凶手了。」

你知道凶手是誰嗎？

A

凶手是風。正當死者享受日光浴的時候，海面上突然刮起一陣颶風，把太陽傘吹起，當風吹過後，那把太陽傘正好插入死者的腹部。所以死者純粹是死於意外。

Q42 車庫命案

某大集團的董事長被發現死在自己的車庫裡。死因是氰化鉀中毒，死者是在開車準備出車庫時，吸入劇毒氣體致死。

車子的其中一個輪胎沒氣了，變得扁扁的，可是案發那天，周圍既無人接近過車庫，也未發現現場有任何可能產生氰化鉀的藥品和容器。那麼，罪犯究竟是用了什麼手段將董事長毒死的呢？

A

罪犯用氰化鉀將輪胎充滿，當董事長準備開車時，發現車胎氣太足，開起來不舒服，於是下車撬開輪胎的氣門芯放氣，氰化鉀釋放出來，董事長因此被毒死。

Q43 塗指甲油的女子

約翰是一名私家偵探，這天，他一個人到酒吧喝酒。

他的目光很快被坐在隔壁的一個漂亮女子所吸引，這個女子二十五六歲，打扮入時，化了很濃的妝，而且手指甲上塗了透明的指甲油，獨自在喝酒。約翰覺得這個女人似曾相識，但又記不起是誰。

直至那個女人離開座位，約翰才突然記起這女人名叫卡列斯，是個詐騙犯，正被警方懸賞通緝。約翰立即起身追出去，但卡列斯已無蹤影。

約翰於是向警方報案。警方趕來後，立即展開調查，對她喝酒的酒杯進行檢驗，但是上面竟然沒有留下指紋。

「奇怪，那個女人喝酒時戴著手套嗎？」員警問。

「不，她沒戴手套，而且，也不像是貼上了膠紙那類東西。」約翰回說。

「那是怎麼一回事呢？」員警困惑地自言自語。

親愛的朋友，你知道嗎？

A

女騙子的手指也塗上了指甲油，所以沒有留下指紋。

Q44 小偷被偷

一個小偷溜到公車上作案，先偷了一位時髦小姐的錢包，等他下車時，又接連偷了一位西裝革履的男子和一位老太太的錢包。他興高采烈地下了車，躲在角落裡清點了一下，發現 3 個錢包總共不過 200元。

接著他驚叫起來，原來與這 3 個錢包放在一起的他自己的錢包竟不翼而飛了，那裡面裝著 700 多元呢！口袋裡還有一張紙條，上面寫著：「讓你這該死的小偷嘗嘗我的厲害，也不看看你偷到誰頭上！」

3 人中，究竟是誰偷了他的錢包呢？

A

時髦小姐。如果是另兩個人的話，他們應該連那位小姐的錢包一塊兒偷走才對；就算他們不全偷，他們也不知道究竟哪個錢包是小偷的。

Q45 金髮疑案

瑪麗蓮夢露結束了一天的拍攝活動，回到公寓想安安穩穩地睡一覺，可是樓上房間裡傳來嘩嘩的自來水聲，一個多小時還不停止，使她難以入眠。

樓上住的是一個同她一樣有一頭金髮的模特兒。她像是在淋浴，所以自來水一直流個不停。瑪麗蓮夢露忍不住了，就拿起電話要求公寓管理員去干預一下。

幾分鐘後，管理員來到瑪麗蓮夢露的房間，說門鎖著，無人答應，想請她和他一起上樓去看看。因為男子不便闖進女人的浴室，瑪麗蓮夢露便跟管理員一起上了樓。

管理員使勁用身體把房門撞開。瑪麗蓮夢露推開浴室的門，只見那金髮模特兒赤裸裸地倒在地上，脊背上扎有一把刀。淋浴的熱水龍頭仍在往外噴水，熱氣彌漫了整個浴室。

兩人震驚不已，觀察現場，房門是反鎖的，窗戶也緊關著，那麼凶手殺了她以後，又是怎麼逃走的呢？

「瞧，這兒拴著一根金髮。」瑪麗蓮夢露指著房門的背面，門的鐵閂原先卡在門鉤中，現在經過猛力撞門，鐵柱已經脫落了。

門閂的一端拴著一根金髮，門的上面和下面各扎有一個圓釘；下面的圓釘上，金髮還打了一個結。

管理員說：「這顯然是被害人的頭髮。為什麼它會拴在門上呢？」

你能找到答案嗎？

A

凶手利用了頭髮的特性。頭髮遇熱會伸長，遇冷又會縮短。特別是金髮，遇熱每米伸長 2.5 釐米。凶手在殺了女郎後，從她頭上拔下幾根金髮連結起來，一頭結在門閂的尖端，調整好它的長度，使門閂向上斜吊著；頭髮的另一頭掛在門上面的圖釘上，再連接住門下面的圖釘。

做完這些，凶手打開淋浴的熱水龍頭，讓水放出來，然後出門，把門關上。這時門閂還斜吊著，沒落入門鉤。但不用多長時間，由於熱水的蒸氣作用，浴室內的溫度上升，頭髮伸長，門閂就會落入門鉤，造成反鎖假象，不會讓人馬上發覺女郎被殺，凶手便可從容地逃走。

Q46 攝影愛好者

某處發生一起凶殺案，在死者家中地毯的邊緣發現血跡。警方根據多方調查，認爲安東尼的朋友保羅最有作案嫌疑。

警官當晚來到保羅的家中。保羅是攝影愛好者，正在自己家的暗室裡洗照片。

「保羅先生，您的朋友安東尼先生死了。」警官邊說邊掃視了一下屋子。

「什麼？這怎麼可能呢，噢，天啊！我的好友安東尼。」保羅看起來很悲傷。

「是這樣的，保羅先生，我來的目的是想瞭解一下情況，據我們調查，您好像欠了安東尼先生一大筆錢。」

「你這是什麼意思？」保羅先生提高了音量，「你認爲是我殺了安東尼？別開玩笑了。」

「那我可以問一下 8 天前您在哪裡嗎？」

「8 天前？噢，那天是我姨媽的生日，我去她家慶祝了。」保羅邊說邊順手拿起一遝照片給警官看，「你看看吧，這些照片就是證據。」

警官一張一張翻看著照片，果然是些生日派對的照片。突然警官盯著一張照片不動了，照片上，保羅坐在一座山的山頂，下面是一片雲海，保羅正在喝啤酒，照片右下角也是那天的日期。

「這是？」

「噢，這是我姨媽的莊園後面的一座山，你知道我是個攝影愛好者，耐不住寂寞，所以下午我帶上相機去山上攝影了。」

「就你一個人去的嗎？」

「對，這張照片是用三腳架拍的，那山可有三千多米高，我爬到山頂後渴極了，便取出隨身攜帶的啤酒暢飲一通，那種感覺真是令人難忘，於是順手拍下這張照片留作紀念。」

「啊，的確，那種感覺畢生難忘。」警官朝保羅笑了笑「但是很可惜，這張照片是假的，您有什麼要解釋的嗎？」

保羅聽到這句話，頓時緊張起來，但是他心裡感到十分奇怪，不知道這張精心製作的照片到底有什麼破綻呢？你知道嗎？

A

啤酒是破綻，在三千多米高的地方，氣壓過低，壓力會使啤酒噴出來，但是照片裡的啤酒卻沒有。

Q47 背後中箭

城源寺剛回到家裡，就接到一個報警電話，說晚上 11 點有個學生死在宿舍樓門前。

城源寺趕到現場，只見死者倒在學生宿舍門外，頭朝門，腳朝大道，匍匐在地上，背部射進一支箭。顯然死者是外出歸來正要開門的時候，背後中箭倒下死去的。

城源寺輕輕地翻動了一下屍體，發現屍體下面有三枚 100 元的硬幣，在燈光的照耀下閃閃發光。城源寺隨即檢查了死者麻衣的口袋，發現死者的錢夾裡整齊地放有 10 元和 100 元的硬幣。

城源寺站起身，問站在一旁的大樓管理員，「這棟樓有多少學生居住？」

「現在正是暑假期間，學生們都回家了，只剩下麻衣和西川兩人。這兩人都是射箭選手，聽說下周要進行比賽……」管理員抬頭看了看宿舍，指著對著正門的二樓，「那就是西川的房間。」

「11 點左右，西川從二樓下來過嗎？」

「沒有。」管理員搖頭道。

城源寺來到西川的房間。西川剛剛睡醒，揉著朦朧的睡眼，吃驚地說：「怎麼，你們懷疑我殺害了麻衣嗎？不要開玩笑，麻衣是正要開門時背後中箭死的，就算我想殺死他，從我的窗口裡只能看到他的頭頂，也無法射中他的背部啊！」

城源寺走到窗口，探出身子看了一眼，轉過身，拿出三枚 100 元的硬幣，對西川說：「這是不是你的？也許上面印著你的指紋！」

西川一看，結巴起來，「可能是我傍晚回來，不小心從口袋裡掉的。」

城源寺搖搖頭，對西川冷冷笑說：「不，不是無意中掉的，是你故意設下的陷阱！」說完，便以殺人罪逮捕了他。

城源寺如何判定西川是凶手？

A

西川事先把錢扔在地上，等麻衣回來發現硬幣彎腰拾錢時，他從二樓窗口朝下射箭。所以他正是殺死麻衣的凶手。

Q48 東方快車訛詐案

神秘的東方快車這一天又發生了一起訛詐案。

喜歡偵探故事的海頓先生打扮得衣冠楚楚，海藍色大衣、真絲領帶、晶亮的皮鞋。他一手提著黑色的小皮箱，一手拿著禮帽，乘務員指點他進入預定的包廂。

海頓先生剛被公司任命為駐德黑蘭的商務代表，今天他是懷著愉悅的心情去上任的。

列車駛出了君士坦丁堡站，夜已經很深了。海頓先生看了一會兒偵探小說，正準備上床睡覺，突然一個女人閃進他的包廂。她一進門，就把門反扣，脅迫海頓先生乖乖交出錢包，否則就要扯開衣服，叫嚷說海頓先生把她強拉進包廂，企圖強姦她。

看到海頓先生沒有反應，這個女人嬉皮笑臉地說：「先生，即使你床頭的警鈴也幫不了你的忙，因為，我只需要把我的衣服輕輕一扯……」

海頓先生陷入困境，只好訥訥地說：「讓我想想，讓我想想。」說著，點燃了一支「哈瓦那」牌雪茄。

就這樣，雙方僵持了三四分鐘。出乎這個女人的意料，海頓先生還是按了床頭的警鈴。

女人不由得氣急敗壞，立即脫掉外衣，扯破胸前的衣衫。待乘警聞聲趕到，躺在床上的女人又哭又鬧，直著嗓子嚷道：「三四分鐘前，這個道貌岸然的傢伙把我強行拉進了包廂。」

這時，海頓先生依舊平靜地站在那裡，悠閒地抽著雪茄，雪茄上留

著一段長長的煙灰。

乘警目睹這一切，仔細觀察，不一會兒就明白了：這個女人想訛詐海頓先生。於是毫不猶豫地把這個女人帶走了。

乘警是根據什麼作出判斷，這個女人是在訛詐呢？

A

乘警趕到海頓先生的包廂時，發現海頓先生正悠閒地抽著雪茄，雪茄上留著一段長長的煙灰。乘警據此斷定：在三四分鐘前，海頓先生是在抽雪茄，而不是如那女人說的那樣，把她強行拉進包廂，企圖強姦她。

Q49 誰在說謊

一個精神病醫生在寓所被殺，他的四個病人受到警方傳訊。

1. 警方根據目擊者的證詞得知，在醫生死亡那天，這四個病人都單獨去過醫生的寓所。

2. 在傳訊前，四個病人共同商定，每人向警方作的供詞條條都是謊言。

每個病人所作的兩條供詞分別是：

埃弗里：

1. 我們四個人誰也沒有殺害醫生。

2. 我離開醫生寓所的時候，他還活著。

布萊克：

1. 我是第二個去醫生寓所的。

2 我到達寓所的時候，他已經死了。

克朗：

1. 我是第三個去醫生寓所的。

2. 我離開寓所的時候，他還活著。

大衛：

1. 凶手不是在我去醫生寓所之後去的。

2. 我到達醫生寓所的時候，他已經死了。

這四個病人，是誰殺害了精神病醫生？

A

從這八條假供詞的反面可得出以下八條真實的情況：

（1）這四人中的一人殺害了精神病醫生。

（2）埃弗里離開醫生寓所的時候，醫生已經死了。

（3）布萊克不是第二個去醫生寓所的。

（4）布萊克到達醫生寓所時，醫生仍然活著。

（5）克朗不是第三個到達精神病醫生寓所的。

（6）克朗離開醫生寓所的時候，醫生已經死了。

（7）凶手是在大衛之後去醫生寓所的。

（8）大衛到達醫生寓所的時候，醫生仍然活著。

根據（1）、（4）、（8）、（2）、和（6），布萊克和大衛是在埃里和克朗之前去醫生寓所的；根據（3），大衛必定是第二個去的，從而布萊克是第一個去的。根據（5），埃弗里必定是第三個去的；從而克朗是第四個去的。

醫生在第二個去他那兒的大衛到達的時候還活著，但在第三個去的埃弗里離開的時候已經死了。因此，殺害精神病醫生的是埃弗里或者大衛。

Q50 破綻

播音員清水夜裡一點多鐘向警方報案，說他妻子被殺了。警長火速趕赴現場。

這是一幢新宅，車庫前停放著一輛紅色越野車。

警長走近大門時，突然有條狗汪汪地吼叫起來。那是一條狼狗，被一條長長的鐵鍊拴著。

「太郎，閉嘴！」清水走出來，那條狗便乖乖地蹲在他的腳下，看來是訓練有素。

死者身穿睡衣，倒在廚房的地板上，是頭部被打傷致死的。

清水聲淚俱下地向警長訴說著：「我為一點小事和妻子吵了一架，憋著一肚子氣跑了出去，在外面兜了兩個小時風，回來一看，妻子就被殺了，那時是 11 點。我出去後大概妻子沒關門，肯定是強盜闖進我家，被妻子發現後，於是殺人逃走了。」

「有什麼東西被偷了嗎？」

「放在櫃子裡的現金和寶石不見了。」

「你去兜風時帶上你的狗了嗎？」

「沒有，我一個人去的。」

第二天，警長命令助手到鄰居家瞭解情況。助手回報說：「鄰居家有個老頭昨晚看了一夜電視，據他講，在罪犯作案的時間裡沒聽到什麼異常的動靜。」

「也沒有聽到汽車的聲音嗎？」

「有，大約 11 點左右有聽到汽車由車庫開出來的聲音。」

「不錯，犯人就是清水。」

果然，經審訊，清水供認由於同女人約會被發覺，和妻子吵架，怒
不可遏地抄起啤酒瓶向妻子頭部砸去，因而偽造盜竊殺人的樣子，
他假裝出去兜風，其實是順便把當做凶器的啤酒瓶扔進河裡。

警長是憑什麼識破了清水的犯罪行為呢？

A

狗不叫就是證據。如果真的有強盜潛入，受過嚴格訓練的狼狗一定會大
聲吼叫。然而，鄰居老頭只聽到汽車的聲音，說明凶手是狼狗熟悉的
人，也就是狗的主人清水。

Q 51 酒窖謎案

貝拉先生一向是乘星期五上午 9 點 53 分的快車離開他工作的城市，正好兩個小時後到達郊外的住宅。

這個星期五，他突然改變習慣，在沒有通知任何人的情況下，坐上夜裡的火車。

回到家裡已近午夜零點，他聽見他的秘書貝格正在地下室的酒窖裡喊「救命」。

阿拉貝趕緊拉砸開門，將秘書放了出來。

「貝拉先生，您總算回來了！」貝格說道。

「一群強盜搶了您的錢。我聽見他們說要趕今天午夜零點的火車回紐約市去，現在還剩幾分鐘，怕來不及了！」

貝拉一聽錢被盜走，焦急萬分，便請巴納德探長來調查此事。

巴納德找到貝格，貝格又說：「他們逼我服下一粒藥片——大概是安眠藥之類的東西。我醒來時，正趕上貝拉先生下班回來。」

巴納德檢查了酒窖。這是個並不很大的地窖，四周無窗，門可以在外面鎖上，裡面只有一盞 40 瓦的燈泡，發出不太明亮的光，但足以照明了。

巴納德在酒窖裡找到了一塊老式機械表，他問貝格：「發生搶劫時你戴著這塊手錶嗎？」

「是的。」秘書回答。

「那麼，請你跟我們好好說說，你把錢藏在哪兒了？你和那些強盜是一夥的。」

貝格一聽，頓時癱倒在地。

你知道探長是如何識破秘書的詭計的嗎？

A

由於酒窖四周無窗，貝格若真的失去知覺，醒來後根本無法知道外面是白天還是黑夜，就算有手錶，他也無法知道到底當時是近中午 12 點還是夜裡 12 點。而按照貝拉平時的習慣，總是在中午 12 點左右到家，貝格聽到貝拉回來時會以為是中午，便不會催貝拉到車站去追趕午夜列車的盜匪了。

Q₅₂ 現金被盜案

星期日中午，公寓 8 號房的單身職員到附近買東西。只離開房間五六分鐘，沒有鎖門，房裡的 5 萬元現金被盜。

報案後，刑警問：「這幢公寓裡有誰知道你出去買東西？」

「10 號房的北村知道，我出去時，他還托我買東西呢。」

刑警馬上到 10 號房間查看。一進門，就見北村在一邊吃速食麵一邊看漫畫。

「8 號房的先生出去買東西時，你在哪兒？當時在幹什麼？」

「我一直在看漫畫呀。」

「你沒聽見那個房間裡有異常動靜嗎？」

「沒有，那時正好有一架直升機在公寓上空盤旋，噪音很大，一點兒動靜也覺察不到。」

據公寓管理人員說，中午並沒有外人進入公寓，肯定是內部人員幹的。

「別的房裡有人在嗎？」

「今天是星期日，其他人都出去玩了，只有 6 號房裡一個叫寺內的年輕人在。」

刑警來到 6 號房，見寺內正穿著睡衣躺在床上，邊吃花生米邊看電視。是台新型彩電。

「哎呀，好漂亮的電視機啊！畫面一點兒都不會閃動嗎？」

「從來沒有過，這是我 3 天前才買的。」

「聽到 8 號房裡有可疑動靜嗎？」

「沒有，當時電視裡有我喜歡的歌手在演唱，我看得入迷，再加上那架討厭的直升機在盤旋。」

「你說謊！直升機盤旋時你並沒看電視，而是溜進 8 號房偷錢去了吧。」

刑警憑什麼識破了寺內的秘密呢？

Ⓐ

附近有直升機干擾，電視一定會出現「雪花」，寺內說自己在房間看電視時有直升機在公寓上空盤旋，又說電視機的圖像從沒有過閃動的情況，這是不可能的。即使是新電視，由於直升機電波干擾，電視影像照樣會受影響。

PART 4

腦筋急轉彎

為什麼水變少了

傑克和湯姆是兄弟，每天在家裡的浴缸泡澡，總是傑克洗完再輪到湯姆。這天，兩兄弟的入浴順序倒過來，結果浴缸裡剩下的洗澡水竟變少了。

確定浴缸裡的的水和平日一樣多，而且倆兄弟用掉的水量也和往常一模一樣，更不會有人在中途加水或放水，為什麼水量變少了呢？

A

因為湯姆要比傑克要胖，湯姆先進浴缸泡澡，滿出浴缸而流掉的水，會比傑克先使用浴缸的時候多，所以剩下來的水會比平常少。

Q_2 古銅鏡是真的嗎

小張喜歡收藏古玩，沒事的時候就到舊貨市場轉轉。這天，他看到一個年輕人拿著一面古銅鏡在市場叫賣，鏡子上鑄有「西元前四十二年造」的字樣，他不用請專家鑑定就知道這面銅鏡是假的。你知道為什麼嗎？

A

西元前四十二年的時候，「西元紀年」這個概念還沒有產生，都是用帝號紀年和干支紀年，所以鏡子顯然是偽造的。

Q₃ 壓歲錢

露西是個節儉的孩子。剛過完新年，就把大人們給的壓歲錢都存進了銀行。她的 4 個兄弟姐妹都很想知道露西到底有多少壓歲錢。

哥哥說：露西有 500 元壓歲錢。

姐姐說：露西至少有 1000 元壓歲錢。

弟弟說：我猜露西的壓歲錢不到 100 元。

妹妹說：露西最少有 100 元。

這 4 個人中，只有一個人猜對了。你能推斷出露西到底有多少壓歲錢嗎？

A

如果哥哥猜對的話，那麼弟弟和妹妹都對；如果姐姐猜對的話，那麼妹妹也對；如果妹妹猜對的話，那麼哥哥也對。因此，無論你怎麼假設，最後只有一個人猜對，這個人就是弟弟，即露西的壓歲錢少於 100 元。

Q₄ 多少杯咖啡

安娜來到一家餐廳，要了一杯咖啡，當喝到一半時，她又兌滿開
水；又喝去一半時，再次兌滿開水；又經過同樣的兩次兌水過程，
咖啡終於喝完了。計算一下，安娜一共喝了多少杯咖啡？

A

一杯咖啡。

Q₅ 聰明的小女孩

有一位老人家，很愛給別人出各種各樣的難題。一次，他的三個兒媳婦都要回娘家去，老人家在答應她們請求的同時，也要求她們在回來的時候爲自己帶回三件禮物：大兒媳婦要帶回的是「骨頭包肉」，二媳婦要帶回的是「紙包火」，而三媳婦帶回的則是「河裡的柳葉漚不爛」。

這可難住了三個兒媳婦。就在她們爲此而發愁時，一個小女孩卻幫她們找到了問題的答案。於是，三個兒媳婦回來時，都帶回老人所要的東西，而且完全符合他的要求。

那麼，小女孩的答案是什麼呢？

A

小女孩告訴三個兒媳婦，老人家要求她們帶回的這三件禮物其實都很簡單，「骨頭包肉」是核桃，「紙包火」指的是燈籠，而「河裡的柳葉漚不爛」呢？當然是魚了。

$\boldsymbol{Q_6}$ 奇怪的問題

什麼吃草不吃根，什麼睡覺不翻身，什麼腹中長牙齒，什麼肚內長眼睛？

A

鐮刀、石頭、磨、花椒。

Q₇ 姓什麼

大道上駛來一輛兩匹馬拉的大車，車上坐著一個釣魚的，一個挎著弓的。

駕車的問：「您二位貴姓？」

釣魚的抓起一條大魚，對著夕陽高高舉起，說：「我就姓這個！」

另一人把肩上的大弓使勁拉開說：「我姓這個！」

他倆又問駕車的怎麼稱呼，駕車人笑嘻嘻地指著前面兩匹馬說：「喏，那就是！」

請你猜猜，他們三個人各姓什麼？

A

釣魚的姓魯，挎著弓的姓張，駕車人姓馮。

Q8 有幾堆

有4元/千克的香蕉一堆，2元/千克的蘋果一堆，4元/千克的橘子一堆，合在一起，你猜共有幾堆？

A

合在一起當然是「一堆」了。

 誰是老實人

A、B、C、D、E五個人中，有兩個人是從來不說謊的老實人，另外三個人是愛說謊的騙子。

下面是他們所說的話：

A：「B是騙子。」

B：「C是騙子。」

C：「E是騙子。」

D：「A和B都是騙子。」

E：「A和D都是老實人。」

根據以上的對話，請找出老實人是哪2位。

A

A和C。

先假設B是老實人，那麼，把C說的話顛倒過來，E就成了老實人。接著，A和D也是老實人，這樣就超過只有2個人的限制了。

那假設D是老實人的話，把A說的話顛倒過來，B就成了老實人。但是照D的說法，B應該是個騙子，這樣就產生矛盾了。

再假設E是老實人試試看，加上A和D，也會產生矛盾，所以也行不通。

看看剩下的A和C所說的話，就跟題目的條件吻合了。

Q_10_ **看到了什麼**

一間房子裡，四周全部都佈滿鏡子，牆面、地板甚至門，沒有不是鏡子的地方，你走進去，關緊門，將會看到什麼現象？

A

其實你什麼也看不到。因為屋子裡沒有光線，一團漆黑，所以什麼都看不見。

Q11 包裹裡的戒指

佩佩家要搬家了，媽媽正在幫她打包行李，突然發現自己的戒指掉進其中一個包裹裡去了。但是把每個包裹都打開檢查的話太麻煩了，媽媽非常著急。

已知這 9 個包裹的體積和重量都是相同的，佩佩想了想，給媽媽出了一個好主意，她把包裹稱了兩次，就為媽媽找到了丟失的戒指。你知道佩佩是怎麼做到的嗎？

A

先把包裹分成 3 個一組，共 3 組，取其中的兩組稱。如果秤上有一組比較重，那麼戒指便在這兩組包裹的一組裡面；如果秤上兩組一樣重，那麼戒指在另外一組包裹裡面。然後在第三組包裹裡取兩個放到秤上稱，如果有一個比較重，那麼戒指就在這個包裹裡；如果兩個一樣重，那麼戒指在沒上秤的那個包裹裡。

Q_12_ **黑夜看報**

在漆黑的夜裡，有一個人在房間裡看報紙，這時突然停電，伸手不見五指，但那個人仍能繼續看報，一點兒也不受影響。這到底是怎麼回事？

A

這個人是盲人，他看報是用手來「看」的。

Q13 擋什麼最有用

傑克是個念舊的人，這天，他和女友吃飯的時候，一不小心把口袋中的東西全掏了出來，有酒吧的打火機、彩票和舊情人的照片。

他在慌張之際，想用手去擋住那些東西，好避免女友的不愉快。請問他該用雙手擋住什麼最有效？

A

女朋友的眼睛。

Q14 目的地是哪裡

被恐怖分子追殺的某國國王在逃亡的飛機上對同機的記者說：「這次逃亡的目的地除了我以外，全世界沒有第二個人知道。」

一名記者聽了卻笑說：「那可不見得。」

他為什麼否定國王的話呢？

A

因為飛機的駕駛員知道飛機要飛往哪裡。

Q₁₅ 神偷

皇宮裡藏有三顆價值連城的寶石。為了防止被盜，侍衛們在裝寶石的盒子裡放了一條毒蛇。可是一天晚上，一個神偷將寶石給偷了出來。

他既沒有戴手套也沒有用任何方式接觸到毒蛇，而且把寶石盜走的時候，毒蛇依然安靜地待在盒子裡。你知道神偷是怎樣把寶石偷出來的嗎？

A

神偷先把盒子倒著放，然後把蓋子拉開一點，僅僅使三顆寶石能掉出來，這樣就不會碰到毒蛇了。

Q16 父子

兩個父親把錢給兩個兒子,其中一個父親給兒子一千五百元,另一個父親給兒子一千元,但是,這兩個兒子所得的錢合起來卻不超過一千五百元。這是怎麼回事?

A

爺爺給他兒子 1500 元;爺爺的兒子將 1500 取出 1000 給他的兒子。

Q17 拿鑽石

一樓到十樓的每層電梯門口都放著一顆鑽石，鑽石大小不一。乘坐電梯從一樓到十樓，每層樓電梯門都會打開一次，只能拿一次鑽石，問怎樣才能拿到最大的一顆？

A

每次開門都把鑽石拿上，在下一次開門的時候比較鑽石大小，就可以拿到最大的。

Q18 為什麼沒有濕

一個人不小心把新買的 MP3 掉進裝滿咖啡的杯子裡。他急忙伸手從杯子中取出 MP3。怪的是，他的手指沒有濕，而且 MP3 也是乾的。為什麼呢？

A

因為杯子中的咖啡還沒有沖水，仍是粉末，所以這個人的手指與 MP3 當然不會濕啦。

Q₁₉ 舊車

查理在車展上買了一輛車，這輛車不是新車，價格卻比一般的車昂貴得多，但查理買到這輛車卻特別高興，覺得物超所值。

果然，兩年後，他以 5 倍的價錢把這輛車又賣了出去，實實在在地賺了一把。你知道是為什麼？

A

因為他買的是一輛古董車。

Q20 相同的試卷

考生在絕對不可能作弊的考場中進行測驗，居然出現兩張一模一樣的答卷。如果說這不是一種偶然現象，那麼會在什麼情況下出現這種現象？

A

他們都交了白卷。

Q_{21} 太空疑問

在一次宇宙旅行中，太空人來到一個奇怪的星球，上面只有一種氣體——氫氣。由於光線太暗，太空人想點燃打火機照明，可是有人阻止了他，認為會引起爆炸。

這個說法是對的嗎？

A

並不會引起爆炸。因為沒有氧氣。

Q22 沒被處罰

明文規定：行人過馬路時，車輛就應停在人行道前等待，可是偏偏有個汽車司機當路上還有很多人過馬路時，卻突然闖進人群中全速前進。但是警察看了卻沒有開他罰單。為什麼？

A

汽車司機沒有開車，他是步行闖進人群中的。

Q23 電燈開關

在一間密閉的房間裡，有 3 盞完全一樣完好的燈，它們的開關在房外。你可以隨意開動這些開關，卻看不見房裡的燈的狀態，所以無法知道哪個開關是對應哪盞燈的。

如果給你一個小時的時間，並且只允許進入房間一次，有什麼辦法可以判定哪個開關是對應哪盞燈呢？

A

先打開其中兩盞的開關，然後關掉其中一個，進房間後看見亮著一盞燈，便可得知這盞燈的開關。另有兩盞，只需要用手摸一摸燈泡，溫度較高的燈泡就是之前開過又關掉的那個，冷的則是完全沒打開過的那盞。

Q24 哪個月有28天

爸爸問小明:「一年有 12 個月,有的月 31 天,有的月 30 天,還有的月 28 天,你知道,有 28 天的月份有幾個嗎?」

小明沒能猜中答案,你能替小明回答這個問題嗎?

A

12 個。因為每個月都有 28 天。

Q25 關公發怒了

很多地方都有關帝廟，前來祈福和求財的善男信女絡繹不絕，終年香火鼎盛。

這天，有一個香客前來祈福，想讓關公保佑他財源廣進，生意興隆。但是，關公卻大怒，一時間電閃雷鳴，暴雨大作，這個香客嚇壞了。

這個香客並不是不法之徒，也不是什麼強盜小偷，是個規矩的手藝人，開著合法的店鋪，平時樂於助人，為什麼關公會生氣？

A

這個人開的是棺材店。

Q26 無法模仿的動作

動物園裡的猴子超愛模仿人的動作。有一個人走到猴子面前，用右手撫摸自己的下巴，猴子就用左手撫摸下巴；人閉上左眼，猴子閉上右眼；人再睜開左眼，猴子也立刻照辦。

可是，猴子再有本事，有一個很簡單的動作牠卻永遠不會模仿。到底是什麼動作那麼難呢？

A

閉眼再睜眼。人緊閉兩眼，猴子也兩眼緊閉，可是人什麼時候睜開眼睛，猴子永遠不知道。

Q27 最好的死法

有一個人觸犯了法律，被國王判處死刑。他請求國王寬恕，國王
說：「你犯了死罪，罪不能赦，但我允許你選擇一種死法。」
這人一聽，非常高興地選了一種死法。國王一言既出，駟馬難追，
只好無奈地搖搖頭。他到底是選擇了什麼死法？

A

老死。

Q28 指點迷津

小李在藏書豐富的上海圖書館裡，怎麼找也找不到明版《康熙字典》。你能幫小李指點迷津嗎？

A

因為《康熙字典》清朝才出版。

Q29 接滿一桶水的時間

乾旱地區非常缺水，人們都用水桶接雨水用。沒風的時候，雨點垂直落下，30分鐘可以接滿一桶水。有次下雨，刮起了大風，雨水下落時偏斜30°，如果這次雨的大小不變，那麼需要多長時間可以接滿一桶水呢？

A

還是30分鐘，因為雨的大小不變，而且水桶口的面積也沒有變，所以接到的水量不變。

Q30 哪一邊

有座黃牛石雕，牛頭在小明的左邊。現在小明迫切希望牛頭能在自己的右邊，但又無法移動如此沉重的石雕。你說小明應該怎麼辦？

A

小明自己走到另一邊去即可。

Q*31* 撈月

月亮的影子倒映在井底的水中，猴子們以爲是月亮掉進井裡去了，於是手牽手，一個一個從井口直下到井底去撈月亮。牠們有 10 雙手是兩隻手拉在一起的，問撈月亮的共有多少隻猴子？

A

11 隻。

218

Q32 約定

露絲對傑克說：「如果明天下雨，我就會去電影院看電影。」

到了第二天，天氣晴朗，傑克想到露絲昨天說的話，認為露絲一定在家，就去露絲家找她。結果露絲不在家，露絲的家人說露絲去電影院看電影去了。

傑克很生氣，覺得露絲騙了他。然而當傑克質詢露絲時，露絲卻認為自己並沒有騙人。到底是露絲食言，還是傑克理解有誤呢？

露絲並沒有食言，是傑克的理解錯誤。

露絲說：「如果明天下雨，我就會去電影院看電影。」並不代表露絲不會在好天氣時去看電影啊，所以露絲並沒有食言。

Q33 古畫真偽

北宋時，有一天在京城街頭，一人手執畫卷，高聲叫賣：「珍藏名貴古畫《白馬圖》，識貨者請莫錯過良機！」

行人一聽是《白馬圖》這幅名畫，立刻圍攏過來，只見畫上群馬嬉戲，踢腿昂首，千姿百態，無不栩栩如生，其中最引人注目的要數一匹紅鬃烈馬，圓睜著雙眼在俯首吃草。

賣畫人正在介紹這幅畫，忽然聽到人群外有人冷笑說：「各位，真正的《白馬圖》在這裡，他那幅畫是贗品！」說畢也展開一幅畫。

眾人一看，不由連聲稱奇，兩幅畫幾乎一模一樣，只是後一幅畫中埋頭吃草的紅鬃烈馬雙眼閉合，好像是邊吃草邊打瞌睡的樣子。

這下可熱鬧了。兩個賣畫的人爭論不休，都說自己的畫是真跡，對方的畫是假貨。

人人都知道《白馬圖》作者非常熟悉馬的生活習性，究竟哪一幅畫是真的呢？

A

前一幅畫是假的，後一幅畫才是真跡。馬在草叢中吃草時，本能地會閉合雙目，這是為了防止草葉刺傷眼睛。《百馬圖》的作者是畫馬大師，非常熟悉馬的生活習性，不會不注意到這一點。

Q₃₄ 傑克是哪國人

在一次戶外活動中，聚集了好幾個國家的人。現在知道，所有的英國人都穿西裝；所有的美國人都穿休閒服；其他國籍的人則無特定的服裝規定。但沒有既穿西裝又穿休閒服的人；傑克穿了身休閒服。根據以上的條件，下面四個陳述中，哪個說法一定是正確的？

1. 傑克是英國人；
2. 傑克不是英國人；
3. 傑克是美國人；
4. 傑克不是美國人。

A

2. 傑克不是英國人。

Q35 被捉弄的小孩

有三個小男孩，大家都覺得他們很笨，於是常有人捉弄他們。

一天，有人又想了一個壞主意，想捉弄這三個小男孩。他把 3、1、6 這三個數字分別貼在三個孩子身上，讓他們排成一個能被 7 整除的數。三個小男孩排來排去，都不能排成被 7 整除的數。

這時，一個好心人對其中一個小男孩悄悄地說了一句話，終於解決了這個難題。你知道那位好心人說了什麼嗎？

A

他讓那個身上貼著 6 的小男孩倒立，變成 931，就能被 7 整除了。

Q36 美女的身分

有3位美女，其實是天使、魔鬼和普通人三姐妹：天使總是說真話，
魔鬼總是說假話，普通人則有時說真話，有時說假話。

黑髮美女說：「我不是天使。」

棕髮美女說：「我不是普通人。」

金髮美女說：「我不是魔鬼。」

那麼，要如何判斷她們到底誰是誰呢？

A

首先，黑髮美女不是天使，因為天使只說真話，如果她是天使，她就不
能說自己不是天使。並且，黑髮美女也不是魔鬼，否則她說的「我不是
天使」就成了真話，而魔鬼總是說假話的。因此，黑髮美髮只能是普通
人。

接下來，再看棕髮美女。她不可能是普通人（因為前面已經確定黑髮美
女是普通人了）；她也不可能是魔鬼，否則「我不是普通人」就成了真
話，而魔鬼是不說真話的。所以棕髮美女是天使。

兩個已經確定了，那剩下的金髮美女就只能是魔鬼啦。

Q37 通靈神鏡

一位員外在自己 60 大壽的宴席上，把祖傳的寶硯拿出來讓客人觀看。在送客的時候，員外忘了將寶硯藏好，之後竟發現寶硯不翼而飛。

從他送客人出門後，再沒有人出過大門，所以寶硯很可能是僕人偷了去。這時，管家讓人拿來一面鏡子，對僕人們說：「你們每個人上前拿鏡子照一下，不要看鏡子的背面，我就能知道是誰偷了寶硯。」果真找到了小偷。

請問：管家是怎樣找到小偷的？

A

實際上，管家讓人在鏡子後面塗上黑色顏料，摸過鏡子的人手上都會染黑。手上沒有染黑的人，一定是心中有鬼，肯定是他偷了寶硯。

Q38 招牌

三家互相毗鄰的服裝店同時開張，於是老板為了攬客各出奇招。

只見右側的店主舉著巨大的招牌，上面寫著：「酬賓大拍賣！」

左邊的店主也立起一塊牌子，上面寫著：「降價不惜本！」

中間的店主見了，立即在門上寫了一行字，結果顧客都走進他的店裡，生意十分興隆。

請問，中間的店主寫了什麼呢？

A

原來他在門上寫了「主要入口處」五個醒目的大字，顧客以為從這裡進去才能買東西，所以就都從這個門湧進店裡。

Q39 輕易戰勝冠軍的人

有三個人，他們是很要好的朋友。不過，三人裡面，有兩個人可不一般，一個是全國網球冠軍，一個是全國象棋冠軍，只有第三個人什麼都不是。

一天，他們一起到俱樂部痛快地玩了一個下午，吃晚飯時，那個什麼都不是的人對周圍的人說：「今天我可是冠軍哦，不但戰勝了網球冠軍，還戰勝了象棋冠軍。」

大家都說他吹牛。「肯定是他們讓你的吧！」

「不，我們都盡力了。」另兩位冠軍朋友誠懇地說。

周圍的人都深感奇怪。你知道這是怎麼回事嗎？

A

原來這個人和網球冠軍下的是象棋，和象棋冠軍打的是網球。

Q40 簡單的考題

有一個國王想考考兩個王子，於是出了道題目。國王拿出兩本同樣厚的書和兩枝筆，分別給兩個王子一人一本書和一枝筆，要求他們在書的每一頁上點上一個點，一頁也不能少。

其中一個王子很快就點完了，你知道他是怎麼做的嗎？

A

用筆在書的一側畫一條直線就好了，這樣，就在書的每頁上都留下一個點了。

Q41 瑕疵品

玩具公司生產了一盒玩具球，每盒中有 4 個小球，每個球都是按照標準重量製造的。然而，在品檢過程中，工作人員發現其中有一個小球是瑕疵品。現在只知道那個瑕疵品小球的重量要比其他合格品的重量重一些，若讓你用天平只能稱一次，你知道怎麼來判斷哪個小球是瑕疵品嗎？

A

首先，在天平兩端各放兩個小球，瑕疵品的那端肯定比較重。然後，在天平兩端各拿走一個小球。若此時天平是平衡的。則剛才重的那端拿走的小球是瑕疵品；若天平還是不平衡，則現在天平上重的那端的小球就是瑕疵品。

Q42 放多少糖

一次放進一顆糖，一個能裝 3 斤糖的空罐子放多少顆糖就不是空罐子了？

一顆。只要放一顆糖，罐子就不算是空罐了。

Q43 公車停了多少站

請你快速計算：

一輛載著16名乘客的公車駛進車站，這時有4人下車，又上來4人；在下一站下來4人，又有10人上車；在下一站下去11人，上來6人；在下一站下去4人，上來4人；在下站又下去8人，上來15人。公車繼續往前開，到了下一站下去6人，上來7人；在下一站下去5人，沒有人上來；在下一站只下去1人，又上來8人。

請回答下面的問題：這輛公車究竟停了多少站？

A

8站。很簡單吧，你是不是在費勁心思計算車上還有多少人呢。

Q44 拉門

一個人被關在密室裡，只有一扇門，但無法拉開。他該怎麼逃出來？

A

把門推開。

Q45 戒菸妙招

你想戒菸嗎？介紹你一個很好的辦法，保證能戒掉。

一包菸有20根，請你點燃第一根香菸，抽完後，停1秒再點第二根。抽完第二根後，停2秒再點第三根。抽完第三根後，等4秒後點第四根。然後等8秒，照此下去，每次等待的時間加倍就行。只要你遵守這個規則，保證你抽不完兩包菸就能戒掉了。這是為什麼呢？

A

只需算一算點燃第39根香菸後要等多久才能抽第40根香菸就知道了。要等的時間為536870912（秒）＝149130.8（小時）＝6213.8（天），能在這麼長的時間內不抽菸，想不戒菸恐怕也不成。

Q46 還剩幾隻兔子

菜園裡，有一百隻兔子在偷吃蘿蔔。農夫看見後非常生氣，拿起獵槍「砰」地一槍打死了一隻兔子。請問：菜園裡還剩多少隻兔子？

A

當然還剩一隻死兔子，其他兔子都跑光了。

Q47 特異功能

豆豆是個愛吹牛的孩子，一天，豆豆對一個小朋友說：「我爸爸非常厲害，只要有客人來我家買東西，他就能夠猜到那個人的名字。」

小朋友笑得前仰後合，說：「豆豆，你肯定又是在吹牛了吧，我才不相信呢！」豆豆卻非常委屈地說：「我沒有吹牛，是真的，你一定要相信我。」

後來，那個小朋友發現，豆豆這次說的果然是真話。你知道是為什麼嗎？

提示：如果豆豆的爸爸沒有什麼特異功能的話，他一定有其他的方法知道別人的名字，因為別人的名字是不可能輕易就被猜出來的。

A

因為豆豆的爸爸是開印章店的，很多的顧客來店裡買印石讓豆豆的爸爸為他們刻印章，他們必定要寫下自己的名字，這就是為什麼豆豆的爸爸會知道客人名字的原因了。

Q*48* 中獎

小王、小李和小江一起去買彩票，結果幸運中了 1000 萬。然而，煩惱也隨之而來。由於 3 人誰都不想少拿一分，所以無法分這 1000 萬。如果是你，該怎麼分好呢？

A

將錢先存放到銀行生利息，然後連同本金分成 3 等份就可以了。

Q49 萬獸之王

「同學們，誰是萬獸之王？」老師問。

同學們的答案都是「老虎」或「獅子」。有一位小朋友說出和別人都不一樣的答案，卻博得了老師和同學們的讚賞。猜猜他是怎樣回答的？

A

小朋友答：「動物園園長。」

Q_50_ **猜字**

去上面是字，去下面是字。去中間是字，去上下是字。
猜一個字。

Q51 廚神

有位廚師精通詩詞，他做的每道菜都能對應上一句優美的詩句。秀才故意出了一道難題，給廚師兩隻雞蛋，要他辦成一桌酒席，並且每道菜要表示一句古詩。廚師欣然接受，做了4道菜。

第一道菜，兩個燉蛋黃，幾根青菜絲；第二道菜，把熟蛋白切成小塊，排成一個隊形，下面鋪了一張青菜葉；第三道菜，清炒蛋白一撮；第四道菜，一碗清湯，上面浮著4片蛋殼。

秀才見了，深表佩服。你知道這4道菜代表了哪4句詩嗎？

A

兩個黃鸝鳴翠柳，一行白鷺上青天。窗含西嶺千秋雪，門泊東吳萬里船。

Q52 別具深意

有個財主開了一間店鋪，經常缺斤短兩，坑騙顧客。為了吸引顧客，他央求一位名書法家給他題字。書法家欣然揮毫，寫了個「懇」字。財主如獲至寶，將字掛在店中炫耀。

一天，一位老者見了這幅字，笑著對財主說：「這個字其實影射了別的深意。」經過老人指點，財主恍然大悟，一氣之下將字撕得粉碎。

這幅字影射了什麼？

A

是說他沒良心。

Q53 火車過隧道

兩條火車軌道除了在隧道內的一段外，都是平行鋪設的。由於隧道的寬度不夠鋪設雙軌，因此在隧道內只能鋪設單軌。

一天下午，一列火車從某一方向駛入隧道，另一列火車從相反方向駛入隧道。兩列火車都以最高的速度行駛，然而它們並未相撞。這是爲什麼？

A

兩列火車是在不同的時間裡駛入隧道。

Q54 頭髮怎麼沒濕

一位女子既沒有撐傘,也沒有戴帽子、穿雨衣,在傾盆大雨的原野上散步十分鐘,頭髮卻沒有淋濕。原因是?

A

因為她是尼姑,沒有頭髮。

Q55 黃鼠狼給雞拜年

俗話說：黃鼠狼給雞拜年——沒安好心。如果 5 隻黃鼠狼 5 分鐘能捕捉 5 隻雞，那麼，需要多少隻黃鼠狼才能在 100 分鐘內捕捉到 100 隻雞呢？

A

還是 5 隻黃鼠狼。

思考方法有兩種：其一，如果 5 隻黃鼠狼用 5 分鐘捕捉 5 隻雞，那麼再過 5 分鐘就可以捕捉 10 隻。即：10 分鐘捕捉 10 隻，20 分鐘捕捉 20 隻，以此推算，100 分鐘捕捉 100 隻雞正好需要 5 隻黃鼠狼。

其二，5 隻黃鼠狼 5 分鐘捕捉 5 隻雞，也就是 5 隻黃鼠狼 1 分鐘捉 1 隻雞。那麼，5 隻黃鼠狼 100 分鐘當然是捉 100 隻雞了。

Q56 猜謎大王

「用什麼可以解開世上所有的謎？」

請想想該如何回答問題？

用「答案」就可以解開世上所有的謎。

Q₅₇ 尋寶高手

阿寶是一個尋寶高手，不管是誰丟了貴重的東西，他都能根據線索將它們找出來。可是有一樣東西遺失了，阿寶也沒有辦法找回。你知道這是什麼東西嗎？

A

他戴的是隱形眼鏡。

Q58 血跡斑斑的車

一起交通事故發生不久，警方就立即趕到現場。勘查現場後，他們發現這輛車中只有司機一人，司機並沒有受傷，但翻覆的車內外血跡斑斑，也沒有見到死者和傷者。事故現場是在荒郊野外，並沒有什麼人。這到底是怎麼回事？

思維提示：除非這些血跡不是來自死者和傷者。

A

這是一輛捐血車，司機在運送過程中駕駛不慎，導致翻車的。

Q59 奇怪的盜馬案

一位歐洲富人不惜重金從亞洲買了一匹日行千里、夜走八百的寶馬。為了把馬安全運送到家，他專門請了一支手槍隊來保護這匹馬。

當手槍隊和這匹馬同在火車的同一節車廂上，走在開往歐洲的路上時，馬卻被盜了。據說這支大約有 10 人的手槍隊一直和馬寸步不離，並不是手槍隊監守自盜，但這究竟是怎麼回事呢？

A

盜賊把整個車廂都盜走了，把馬和手槍隊一塊弄走了。

Q_{60} 粗心大意

劫匪在打劫銀行前，將汽車重新改裝，以便逃走時不會被人認出是他的車子。他將原來的白色車身塗成黑色，另外還把車頭燈和車牌也都一起換掉了。在打劫時他也蒙著臉，心想應該萬無一失了。但是後來警方卻憑著目擊證人的口供抓住了劫匪。你知道劫匪的破綻在哪兒嗎？

A

因為劫匪慌忙中忘記換掉後面的車牌了。

Q*61* 誰是醫生

四個朋友住在一個小鎮裡，名字是：大衛，霍金，史密斯，卡特。
他們的職業是：一個是警察，一個是木匠，一個是農夫，一個是醫
生。

一天，大衛的兒子摔斷了腿，大衛帶他去找醫生，醫生有個妹妹是
史密斯的妻子。農夫沒有結婚，他養很多母雞。霍金經常去農民那
裡買雞蛋。警察每天都能見到史密斯，因為他們是鄰居。那麼誰是
醫生？

A

霍金。

大衛帶兒子去找醫生，説明大衛不是醫生；醫生妹妹是史密斯的妻子，
説明史密斯不是醫生；農夫沒結婚，説明大衛不是農夫，史密斯也不是
農夫，因為他們分別有兒子和妻子；警察每天看到史密斯，説明史密斯
不是警察。上面的推論可知史密斯不是醫生，不是農夫，不是警察，故
只能是木匠。

大衛不是農夫，霍金不是，史密斯也不是，所以卡特是農夫。

既然木匠是史密斯，卡特是農夫，那麼醫生將在大衛和霍金之間產生。

由於大衛帶著兒子去看醫生，所以大衛不是醫生，醫生就是霍金啦。

248

Q62 排隊的順序

阿泰斯特、西多夫、傑尼、鮑勃、芬尼和巴蒂爾去買世界盃的球票，來得太早，正等售票窗口打開，巴蒂爾的一個朋友打電話來問巴蒂爾買到球票沒有，巴蒂爾說：「還沒有呢，應該快開門了。」

巴蒂爾的朋友說：「你排第幾啊？別忘了幫我買票。」

巴蒂爾說：「我不是最後一個，而且芬尼也不是最後一個。」

「那你到底是排在第幾？」

巴蒂爾說：「我看看。阿泰斯特的前面至少有 4 個人，但他也沒有排在最後；鮑勃不是第一個，他前後至少都有兩個人；傑尼沒有排在最前面，也沒有排在最後面。」

你知道他們排隊的順序嗎？

A

排隊的順序是：芬尼，傑尼，巴蒂爾，鮑勃，阿泰斯特，西多夫。

Q63 倒楣的守夜者

一名守夜者心急火燎地要見公司的總經理。這位總經理非常忙，馬上就要飛往紐約去參加會議，只能抽出兩分鐘的時間見他。

守夜者急忙解釋說，他昨夜被一個噩夢驚醒。他夢見總經理乘坐的飛往美國的飛機墜落，機上所有人員都遇難了。他請求總經理不要乘坐這架飛機。總經理對他的關心表示感謝，還是乘坐了這架飛機去參加會議。

飛機沒有墜毀，會議也很順利。可是不知道為什麼，總經理回到公司後，馬上解雇了那位守夜者。你能猜出這是為什麼嗎？

A

守夜者被解雇，是因為他在工作時間睡覺。

題目中說：守夜者說他昨夜被一個噩夢驚醒，既然是被噩夢驚醒，那他就是在睡覺中因為做噩夢才驚醒。

守夜者的工作是在夜裡守護公司的財物，不讓壞人進公司破壞呀。守夜者居然在睡覺，真是怠忽職守，當然就把他給解雇了。

Q64 富商如何脫險

在駛往另一座城市的客船上，有位富商正低頭看書。就在他偶爾抬起頭來的時候，發現有個年輕貌美的女人正在看著自己。這個女人不時地流露出對商人的好感，終於將禁不住誘惑的商人騙進了自己的房間。

誰知剛一進門，這個女人就露出了本來面目，威脅商人如果不給她一筆數量可觀的錢，她就要大喊大叫，說商人竟對自己欲行不軌。

這時商人才明白自己遇上了仙人跳，可是既然自己在她的房間裡，不管怎麼解釋，又有誰會相信呢？

情急之下，商人突然想到了一個對策，很快擺脫了這個可惡的女詐犯。

請問，商人是如何使自己巧妙脫身的呢？

A

因為在船上的時候，商人始終都沒有對任何人說過任何一句話，也包括這個女詐騙犯，所以此時他就裝出一副又聾又啞的樣子，並將紙遞給那個女騙人。那個女人還以為他真的是個殘疾人，就把自己剛才威脅商人的話寫在紙上。這樣一來，商人就等於是有了證明自己的憑證，所以當他拿到那張紙後，就理直氣壯地轉身而去了。

Q65 福特的情報

一天，福特探長來到金冠大酒店，他發現這裡喝酒的人中，有一夥人正是國際刑警組織在通緝的一夥在逃犯。由於這夥罪犯不知道福特的真實身分，所以誰也沒注意他。

為了迅速捉拿這些人，探長便用電話通知警方。

探長裝著和女朋友通電話，這夥人聽到的電話內容是這樣的：

「親愛的羅莎，我是福特，昨晚不舒服，不能陪你去夜總會，現在好多了，全虧金冠大酒店經理上月送的特效藥。親愛的，不要和目標生氣，我們會永遠在一起的，請您原諒我失約，我的病不是很快就好了嗎？今晚趕來您家時再向您道歉，可別生我的氣呀！好吧，再見！」

這夥人不覺有異，可是 5 分鐘後，警方突然出現在他們面前，他們不得不舉手投降。福特是如何向警方提供情報的？

A

福特探長在打電話時做了點手腳。在通話時，探長一講到無關緊要的話，就用手掌心捂緊話筒，不讓電話中的另一方聽到，而講到關鍵的話時，就鬆開手。

這樣，警方就收到了這麼一段「間歇式」的情報電話：「我是福特……現在……金冠大酒店……和……目標……在一起……請……快……趕來。」

Q66 不被承認的彩票

詹姆斯對照著報紙和彩票，發現他押的第一匹馬以 50：1 贏了，而他在這匹馬上押了 50 美元。離開醫院後，他馬上就打電話，要拿自己贏得的 2500 美元獎金。但是，對方卻拒絕支付這筆獎金。你知道為什麼嗎？

A

他參賭的是兩周前的一場比賽，在比賽中，這匹馬跑在最後。報紙上公佈的是前一天的比賽結果，這匹馬是在前一天的比賽中獲勝的。

Q₆₇ 羊吃草

放羊娃牽著羊來到一棵樹下，他用 3 米長的繩子拴住羊脖子，讓牠在樹下吃草，自己就割牧草去了。他把割來的牧草放在離樹 5 米遠的地方，又去繼續割，但是等他再回來時，羊卻把他割好的牧草吃光了。當然，繩子很結實，也沒有斷，更沒有人解開它。你知道羊是怎樣吃到牧草的嗎？

A

繩子的一頭雖然拴住了羊脖子，但是另一頭並沒有拴在樹上，所以羊是自由的，能夠吃到牧草。

Q68 讓誰上車

一個暴風雨的深夜，有個小夥子開車路過一個公車站，看到有三個人正在等公車。其中一個是患重病的老人，急需到醫院進行救治；一個是醫生，曾經救過小夥子的命；一個是小夥子心儀已久的女孩。但此時車上只能載一個人，他該怎麼辦？

A

將車子交給自己的救命恩人，讓他開車送重病人到醫院，自己則留下來陪心儀的女孩等公車。

Q69 房間分配

有一家旅店，共有 12 個房間，依次為 1 號、2 號、3 號……12 號。一天，來了 13 位客人，要求各自單獨住一間房間。旅店老闆思索了一番，想出一個滿足大家要求的辦法：他先讓 2 個客人暫時住進 1 號房裡，然後把其餘的客人按順序依次分配房間。於是 1 號房住進了 2 個人，3 號客人住在 2 號房裡，4 號客人住在 3 號房間，5 號客人住在 4 號房間……12 號客人住在 11 號房間。最後，再把最先安排的 13 號客人從 1 號房間轉到還空著的 12 號房間裡。於是皆大歡喜，13 位客人都滿意地單獨住進 12 個房間裡了。這樣的安排可能嗎？

A

不可能。因為將 2 號客人與 13 號客人相混了。

Q70 切蛋糕

有一家蛋糕店聞名天下，店裡不僅有獨特口味的蛋糕，更有一位聰明的廚師，他只需三刀就可以把蛋糕切成八塊。你知道他是怎麼切的嗎？

A

先在中線處橫切一刀把它一分為二，疊放後，再交叉兩刀就可以了。

Q71 生雞蛋和熟雞蛋

每天早晨，媽媽為了給小明補充營養，都要給他煮雞蛋吃。一天媽媽要出差，就事先煮出了很多雞蛋，剩下的生雞蛋就放在旁邊。

小明放學回來不知道，把生雞蛋和熟雞蛋混在一起了。小明為難地說：「這可怎麼辦呢？」

媽媽說：「沒關係。」說著，就把雞蛋一個個轉起來，很快就把生雞蛋和熟雞蛋分開了。你知道媽媽是怎麼區分的嗎？

A

雞蛋煮熟後，蛋白和蛋黃就形成一個整體，旋轉的時候就特別容易轉起來。生雞蛋的蛋黃和蛋白都是液體，旋轉的時候，速度就比較慢。

Q72 無法完成的作業

數學課上，老師安排作業，說：「請同學們把課本翻到 35 頁和 36 頁之間，完成中間的幾道練習題。」

班上學習最好的約翰聽了，連題目都沒有看，就對老師說：「您交代的作業根本就沒有辦法完成。」

這是怎麼回事？

A

35 頁和 36 頁正好是反正面，不信的話，你可以找本書試試看。

Q73 走私的秘密

哈里斯是一名負責檢查入境物品的檢查員，經驗豐富，走私品無論藏在哪裡，他都能毫不費力地找出來。走私商人都對哈里斯敬而遠之，寧可繞行也不願從哈里斯的轄區過海關，只有思迪除外。

思迪每次都主動配合哈里斯的檢查工作。讓哈里斯惱火的是，他擔任檢查員 20 年的時間裡，從來沒有查到過思迪攜帶任何走私物品。好幾次哈里斯幾乎把思迪嶄新的寶馬轎車拆散，每個零件都取下來詳細檢查，可也只有隨身攜帶的私人物品。思迪不但不生氣，甚至還上前幫忙。最後，毫無辦法的哈里斯只好放行。

你能找到思迪走私的秘密嗎？最明顯的東西往往最容易被忽略，快試試看吧！

A

思迪走私的是寶馬車。

Q74 近視眼

小丸子因為長期躺在床上看書，日子久了就變成一拿掉眼鏡，幾乎看不見東西的高度近視眼。雖然平時他戴有框眼鏡的次數多於戴隱形眼鏡的次數，但只有購買某件物品的時候，覺得還是戴隱形眼鏡比較適合。

請問：她購買的是什麼物品呢？

A

眼鏡框。因為小丸子是高度近視，一拿掉眼鏡幾乎看不見東西，如果不戴隱形眼鏡，就不能確定購買的鏡框是否美觀、合適。

Q75 如何把雞蛋帶回家

樂樂穿著背心、短褲，抱著籃球回家。路上突然想起媽媽讓他買些雞蛋回家，於是就買了十幾個雞蛋。可是，沒有袋子，這些雞蛋他該怎麼拿回家呢？

A

樂樂可以把籃球裡的氣放掉，把球壓癟，使球呈一個碗形，然後把雞蛋放在裡面拿回家。你還有其他更好的方法嗎？

Q76 藥片的取法

欣欣感冒了，醫生給她開了一瓶藥片。藥瓶是用軟木塞子密封的。在不拔出瓶塞，也不在上面穿孔的前提下，她能從瓶子裡取出藥片嗎？

A

非常簡單，只要把瓶塞按到藥瓶裡面去就可以取出藥片了。

Q77 多出來的人

一輛車在一幢豪華的別墅前停下。從車上跳下來 6 個蒙面大漢，其中 1 個拿出一把鑰匙，輕易地打開了別墅的大門。接著上了 3 樓。這時是晚上 11 點鐘。不過在當地，太陽才剛剛落山，因為當時正值 6 月。

他們敲了一個房間的門，答應的是一個睡意朦朧的聲音。

「誰？什麼事？」

「董事長，我們是醫院來的。」

大約過了 3 分鐘，門才打開。就在開門的一剎那，大漢們衝了進去，把董事長捆綁起來，並在其眼睛上蒙了一層厚毛巾，然後將董事長架下樓梯，塞進停在別墅門口的車內。

這是一間地下室，沒有窗子，除了一張小床，一張坐椅，再加上坐椅上擺著的一些食品，再也沒有別的什麼東西了。兩個荷槍實彈的大漢日夜把守著一道可供出入的門。

董事長被綁架的那天晚上，沒有任何人通過這道門走入地下室。但奇怪的是，到了第二天清晨，地下室中卻又多了一個男的。

請問：這個男的是如何進來的？

被綁架的是一個即將臨產的女董事長，就在當天夜裡，她生下一個男嬰。

Q78 永不消失的字

舒克家的隔壁在蓋房子，因爲隔壁的人在建築地以外的地方豎立起一塊很厚的木板，算是違章建築。

舒克看到這種情況後非常生氣，就用墨汁在紙上寫著大大的「違法建築」四個字，貼在木板上，可是到了第二天，這四個字不見了。

於是，舒克又想了一個辦法，這次不管他們再怎麼擦，或是用其他辦法覆蓋，或者挖掉，都不能讓字從木板上消失。請問舒克用了什麼辦法？

A
用投影機在板上打上「違章建築」四個字。

Q79 小女孩的名字

尼爾先生騎車外出時，遇見了一位老朋友，

「嗨，自從上次見到你，都好幾年了。」

「是啊，」朋友回答，「自從我們上次見面後，我就結婚了。來，看看這是我們的小女兒。」

「哇，好漂亮的孩子啊，」尼爾先生說，「你叫什麼名字？」

「謝謝，先生，我和我媽媽同名。」

「哦，是嘛，艾莉諾，你和你媽媽長得真像。」尼爾先生說。

尼爾先生是怎麼知道這個小女孩的名字呢？

A

尼爾先生的朋友是位女士，不是男士，她女兒的名字當然就是艾莉諾。

Q *80* **糊塗的喬治**

喬治因公離家出差在外。一天，他接到妻子從家打來的電話，問他是不是把家裡信箱的鑰匙帶走了。他一找，發現確實是那樣。第二天他趕緊把鑰匙寄回了家。

可他妻子又打來電話，說還是打不開信箱（此時信已到），這是為什麼呢？

A

因為喬治是把信箱鑰匙裝在信封裡寄回家的，所以裝有信箱鑰匙的信寄回家後又被投遞到信箱裡了，他妻子拿不到鑰匙，當然打不開信箱了。

Q81 工作的方法

甲、乙、丙、丁四個清潔工負責一條環繞著正方形公園的四條公路上的清潔工作，但是他們四個人只有一套清潔工具，並且他們每個人竭盡全力也只能完成其中一條路段的清潔任務。所以他們的工作總是不能讓上級滿意。

於是，一個清潔工想出了一個辦法：他們四個人分散在公園的四個角上，先由甲拿著清潔工具開始清理，清理完一條邊後，到達乙的位置就把工具交給乙，乙就開始清理，甲休息。乙再清理完一條邊以後丙開始工作，乙休息。

以此類推，當丁做完之後再把工具交給甲，他們就可以一直不停地循環下去了。

你覺得他們的想法真的能實現嗎？

A

不可能實現，因為當丁走完一條邊的時候，甲已經不在他原來的位置上，而在乙的位置上，所以丁和甲並不能成功地交接，他們也就沒有辦法循環下去了。

Q82 富翁的財產

馬克受其老友一位百萬富翁的臨終囑咐，把遺產交給富翁的弟弟。
富翁 12 歲離家，與弟弟分手至今已經 60 年了，一個月前才知道弟
弟在洛杉磯，但沒有詳細的地址。他交給馬克一張發黃的照片，這
是幫助找到他弟弟的唯一線索。照片上是兩個男孩，攝於 60 年前，
當時兩人都是 12 歲。

馬克受託前往洛杉磯，並在那裡登了尋人啟事，雖然馬克沒見過富
翁的弟弟，也不瞭解他的其他情況，但他還是在這些人中找出了遺
產的繼承人。馬克是怎樣認出的呢？

A

馬克是根據那張照片找到富翁的弟弟的。因為照片攝於 60 年前，兩個男
孩又都是 12 歲，所以兩人是對孿生兄弟。

Q83 和尚相遇

山頂上有一座寺院，有一天，主持派一個小和尚到山下辦事。

太陽剛剛升起，小和尚就從寺院出發了，他沿著一條狹窄的山路向下走，山路崎嶇不平，時而陡，時而緩。一路上，小和尚休息了兩次。

就這樣，太陽下山的時候，小和尚來到了辦事地點，住了下來。他打算第二天辦事，然後休息一下，第三天再返回寺院。

第二天，小和尚很快辦完事，休息了一天，第三天也是太陽剛剛出來就出發了，按原路返回寺院。當然了，上山的速度比下山慢一些。

現在的問題是：你怎麼樣確定一個地點，這一地點必須是小和尚上山下山經過的時刻是相同的。也就是說，假如小和尚下山經過此地的時間是下午 3 點，那麼上山時，小和尚經過此地點的時間也是下午 3 點。

A

這個問題看似很複雜，其實解決起來並不難。

我們假設有兩個和尚，同時出發，只是一個從山上出發，一個從山下出發。那麼他們一定會在途中的某一處相遇。相遇的地點就是上山和下山同時經過的地方。

Q84 實在太難

大力村裡生出來的孩子都力大無比，其中有一個大力士可以輕易地舉起 400 斤的東西。但是有一天，他發現竟然連一件 200 斤重的東西都舉不起來，他遭遇什麼困難了呢？當然，他沒有生病也沒有受傷。

A

因為他要舉起的是他自己。

Q85 剪繩子

約翰很小的時候就表現出超常的智慧，一次，約翰的爺爺買回了幾個拼裝的玩具飛機，約翰和幾個兄弟都想得到它。但是爺爺說：「我這裡有一條繩子，你們誰能從繩子的中間剪開，讓繩子還是一條繩子，我就把玩具飛機給他！」

兄弟幾個都冥思苦想，最後還是約翰做到了。你知道他是怎麼做到的嗎？

A

約翰把繩子接成一個圈，最後從中剪開，還是一條繩子。

Q86 具有超能力的司機

天上沒有星星，更沒有月亮。一輛沒打開車燈的汽車，飛馳在一條漆黑的公路上。突然「嘎」一聲，汽車刹住了。司機跳下車，把橫在路上的一匹黑布撿上了車，又開車駛去。問司機是怎樣發現路上有匹黑布的呢？

A

這是一個大白天。

Q87 高個子先生

海曼先生在城裡經營一家商店。他有生以來未曾走出過這座小城。
他的身高是 2.2 米。有一天，一位身高 2.4 米的先生造訪這座小城，
光顧了海曼的商店。

海曼被嚇住了，說：「這是我有生以來頭一次見到比我高的人。」

那位高個子先生聽了後說：「不，先生，絕對不可能。」請問高個子
先生為什麼會如此肯定地說不可能？

A

海曼小的時候，肯定見過比他高的人。

Q88 漏雨的房子

黛絲是一個孤寡老人，她的房子上面有幾個地方破了。但是，這房子有的時候漏雨，有的時候不漏雨。你知道這是為什麼嗎？

A

下雨天漏雨，晴天和陰天不漏雨。

Q89 急中生智的演員

三越百貨舉辦了一場聖誕晚會，其中一個節目，由兩位職員飾演一對夫妻。可是這兩名職員間最近有些不愉快，其中一個人心胸狹窄，就想趁著表演的時候讓另一個人出醜。

劇情中有一段，是他把一張寫有臺詞的手稿交給另一個人來念，可是，當表演進行到這裡的時候，他偷偷地將這張手稿換成了一張空白的紙，然後裝模作樣地交給了另一個人。

另一個人接過手稿就發現了這個情況，可是這時來不及去換真正的手稿了，台下的觀眾都在等著他繼續下面的表演呢。這可怎麼辦呢？

很快他急中生智，想出一個辦法，不僅能讓自己脫離這個尷尬的境況，還讓那個試圖讓自己出醜的人自食其果。

請你想一想，到底他用了什麼辦法？

A

他看了一眼那張紙，就對著第一個人說：「親愛的，你忘了我的視力有點問題，不能在昏暗的燈光下讀文字嗎？你看這裡的亮度這麼差，還是請你代替我來讀吧。」說完這句話，他便把那張空白的紙遞給了第一個人。

Q₉₀ 分辨液體

老師把兩種透明而又不相混的五色液體裝在一個燒瓶裡，問學生：
「已知其中的一種是水，但不知道是在哪一層，你們誰能想出一個
最簡單的方法來分辨？」

A

再加水。

Q91 鏡子

在照鏡子時，你在鏡子中的影像與你自己相比，左右顛倒了方向。比如你的左手，在鏡子中就成了你的右手，而你的右手在鏡子中則成了你的左手。由此看來，鏡子中的影像是可以左右顛倒的。

但是，如果你在鏡子前面躺下，你會發現鏡子中的影像並沒有左右顛倒，比如你頭和腳的位置依然與你躺下的實際的方向是一致的。爲什麼又不能左右顛倒了呢？

A

判斷左右是以人的視覺習慣而言的。實際上，視覺分辨左右和分辨上下所用的是不同的概念。鏡子不僅變換了水準方向上的「左右」，其實，也變換了垂直方向上的「左右」。假設向上的方向爲右，向下的方向爲左，那麼你會發現，原本在腹部「右邊」的頭，在鏡子中則變成了在腹部的「左邊」。

Q_{92} 小狗與骨頭

一根 2 米長的繩子將一隻小狗拴在樹幹上，小狗貪婪地看著地上離牠 2.1 米遠的一塊骨頭卻構不著。牠應該用什麼方法來抓骨頭呢？

A

轉過身來，用後腿抓。

Q₉₃ 一場戰爭

從前，一個女王擁有兩匹馬，她用這兩匹馬去攻打鄰國的國王，經過激烈的戰鬥，國王的人馬都被殺死了。戰爭結束後，勝利者和失敗者全部並排躺在同一個地方，請你解釋這是爲什麼？

A

這裡說的是一場象棋比賽。

Q94 流汗

兩隻狗賽跑，甲狗跑得快，乙狗跑得慢，跑到終點時，哪隻狗流汗多？

A

都不流汗。

狗的皮膚汗腺不發達，所以即使是在大熱天或運動之後也不會出汗。狗經常伸出舌頭喘氣，讓體內部分水分由喉部和舌面排出，這是狗散發體內熱量的一種方式。

Q95 繞行太陽

一個太空人驕傲地對他的父親說，他已經繞行地球二十圈了。他父親卻說：「這有什麼稀奇，我還繞行太陽五十圈了呢。」他的父親是在吹牛嗎？

A

沒有。他父親今年五十歲，地球每年繞太陽一圈。

Q96 輕鬆過河

有個小孩想跳過一米寬的河，試了幾次都失敗了。可是後來，他什麼工具也沒用就達到了目的。你知道他用的是什麼好辦法嗎？

A

他年齡變大後，很容易地就過去了。

Q₉₇ 一人喝一半

卓恩和安瑞去公園玩。出門前，媽媽準備了兩個麵包和滿滿一瓶水，交給卓恩，並說：「卓恩，帶好弟弟，麵包一人一個，水一人喝一半。」

在公園裡，兄弟倆玩得很開心。休息時，卓恩打開瓶蓋，咕咚咕咚大口喝起來。安瑞一看，急說：「哥哥，媽媽說一人喝一半，你可不能多喝。」

卓恩放下瓶子一看，可犯了難。那是一個帶有刻度的瓶子，但只標到 500 毫升，瓶口那一小段就沒有刻度了。現在已經喝到 500 毫升刻度線下面，怎樣才知道剛才喝了多少，一半又是多少呢？

A

卓恩可以把瓶子倒過來，根據刻度準確讀出瓶子裡空氣的體積，也就是剛才喝掉的體積，再把瓶子放正，就能準確讀出剩下的水的體積。兩者相加就是最初一瓶水的總體積，自然也就知道一半是多少了。

Q98 降下的直升機

地球是圍著太陽自轉的，假如有一架直升機在廣場中間起飛，停在空中不動，過四小時後降下來，直升機應該落在哪裡？為什麼？

A

落在原地，因為地球有引力，所以地球自轉，停在空中的飛機也跟著轉。

Q99 正常還是反常

阿凡提旅行到一個奇怪的地方,這個地方有兩個國家,一個正常國,一個是反常國。正常國沒有什麼,反常國卻大不相同,他們只用點頭或搖頭來回答。而且外地人要問他們問題還必須給錢。

阿凡提很想知道他所在的是何國?他怎樣才能提一個問題便判斷出這是何國呢?

A

阿凡提提問:「您居住在此地嗎?」就可以知道此地是正常國還是反常國。因為那人是住在這裡的,如果他搖頭,那就說明這裡是反常國,如果他點頭,就說明這裡是正常國。

Q_100_ **尋找淡水**

美國的一支科考隊歷盡艱辛，終於到達了目的地：北極，他們要研究北極冰川。可是，在大家還沒有品味抵達極地的喜悅時，就發現儲存淡水的容器因為途中碰撞，底部裂了一條縫，現在裡面所剩淡水只夠全隊使用三天了。如果發求救信號，離他們最近的救護船也要十多天才能抵達這裡。隊員們萬分焦急。

這時，隊長急中生智，想到一個辦法，大家一聽都放鬆了心情，趕快按照他的辦法去做。你知道是什麼辦法嗎？

海水雖然是鹹水，但北極海洋中的冰川卻是淡水結成的，隊長讓大家取一些冰塊，放在大的容器裡，待冰塊融化後便得到了淡水。

Q101 被困小島

有一個人在散步時，從橋上走過了小島。不料在返回時，剛走了兩三步，橋就發出了「吱吱嘎嘎」的響聲，好像就要斷了似的，他只好返回小島。這個人不會游泳，四處呼叫也無人理會，他只能呆在這個島上，搜腸刮肚地想盡辦法，竟在島上困了 10 天。到第 11 天，他沒有使用別的辦法和工具卻渡過了此橋回到對岸，你說這是怎麼回事？

A

這個人在小島上待了 10 天，簡直與絕食差不多了，因為這樣，他的身體變得骨瘦如柴，體重輕得可以渡過這座橋。

Q*102* 約翰的妙計

有一座城堡，城主下了一道命令，不許外面的人進來，也不許裡面的人出去。看守城門的人非常負責，每隔 10 分鐘就走出城門巡視一番，看看是否有人想偷著出去或進來。約翰有急事要進城，可是看守城堡的人又那樣認真，怎樣才能趁守門人不注意時，偷偷進入城堡呢？約翰想到一條妙計，順利地進入城堡。

你知道約翰是怎樣做的嗎？

A

約翰趁守門人出來巡視的間隙，快步走進城門，當守門人出來巡視時，又轉身向回走。守門人誤認為他想溜出城去，於是就把他趕進了城堡。

Q103 愛吃醋的丈夫

三個愛吃醋的丈夫在和他們的妻子旅遊時發現渡河的船隻能容納兩個人。因爲，每個丈夫都極力反對自己的妻子和其他兩個男性成員中的任何一個人乘船渡河，除非自己也在場；同時，他們也不同意自己的妻子單獨和其他男人站在河對岸。那麼，應該如何安排呢？記住，儘管船隻能搭乘兩個人，但是，其中的一個人必須把船划回來供其他人使用。

A

把 3 個丈夫用 A、B、C 來表示，他們妻子分別是 a、b、c。他們可以按照下面的方法渡河：

1. a 和 b 先過河，然後 b 把船划回來；

2. b 和 c 過河，然後 c 把船划回來；

3. c 下船並和她的丈夫留下來，然後 A 和 B 渡河。A 下船，B 和 b 一起把船划回來；

4. B 和 C 渡河，把 b 和 c 留在出發點；

5. a 把船划回來，然後讓 b 和她一起渡河：

6. a 下船，然後 b 把船划回來；

7. 接著，b 和 c 渡河，這樣渡河成功。

Q104 裝金絲雀的卡車

某個檢查站前，交警舉旗示意一輛卡車停下來，檢查卡車是否超載。當司機把車開到量重器上後，他從駕駛室跳下來，然後拿起一根木棍敲打卡車的一邊。

有一個旁觀者不解地問：「你為什麼要這樣做呢？」

「是這樣，」他回答，「我的卡車裡裝了 2000 千克的金絲雀。我很清楚卡車會超載，但是，如果我讓鳥在車裡飛起來的話，那麼秤上就無法顯示牠們的真實重量了。」

這個司機說得對嗎？如果卡車內的鳥保持飛的狀態，卡車的重量真的會比鳥棲止於卡車上時的重量少嗎？

A

這種情況，只有當卡車的平板是敞開的時候才會發生。但是，這輛卡車的車廂是封起來的，當鳥保持飛的狀態時，牠們必然會利用與自身體重相當的力量在空氣中揮動翅膀。這樣，這種力量就會通過空氣施加於卡車的平板上。因此，無論鳥是靜止還是保持飛的狀態，卡車的重量均會保持一致。

Q105 奇怪的遺囑

這份遺囑是易斯特維奇伯爵在幾個世紀之前留下的，內容十分生動。那麼，你能否從中推斷出他想要給自己的後人留下什麼東西嗎？

「致我摯愛的家人，他們為此等候了很長時間，現將以下東西留給後人：

一個人對什麼愛的勝過自己的生命，而恨的卻勝過死亡或者致命的鬥爭。

這個東西可以滿足人的欲望，它是窮人所有的、卻是富人所求的，它是守財奴所想花費的、卻是消費者所保留的，然而，所有人都要把它帶進自己的墳墓。」

A

他要留給後人的是「一無所有」。

Q*106* 刻字的單價

在街頭一個刻字先生的攤子前,有一個廣告:刻「行楷」2 角,刻「仿宋體」3 角,刻「你的名字」4 角,刻「你愛人的名字」6 角。那麼,他刻字的單價是多少錢呢?

A

單價是每個字 1 角錢。

Q107 水杯巧移

羅傑的爸爸是獸藥廠的藥品研究人員。週六，羅傑的媽媽出差不在家，爸爸值班，羅傑無人照顧，就只能跟著爸爸到廠裡去。羅傑做完老師安排的作業，就到實驗室告訴爸爸說，自己想要出去玩。

爸爸笑著說：「行，我得先給你出道題。」

爸爸指著桌上並排的試驗器皿說：「我實驗用的這六個量杯，前 3 個都盛滿了水，後面 3 個都是空的。現在你只能動 1 個量杯，讓盛有水的量杯和空量杯相互間隔。也就是說，每兩個盛水量杯之間有一個空量杯。」

羅傑想了一會兒就把這題目解決了。

相信你也很聰明，你知道羅傑是怎麼做的嗎？

A

要解開此題，方法其實很簡單。我們在思索此題的時候，一貫的思維是考慮移動哪個量杯的位置。看這道題，前 3 個有水，後 3 個是空杯。不管我們怎麼移動，都無法在只動一隻量杯的條件下，把這些量杯變成水杯和空杯間隔的。那麼我們就需要逆向思維移動「量杯裡的水」。

首先拿起第 2 個量杯，將其中的水倒入第 5 個量杯，然後將第 2 個量杯放回就可以了。

Q*108* 真假鑽石

年事已高的國王想從眾多兒子當中挑選繼承人。為了考驗兒子們的智慧，國王拿出 10 顆鑽石，其中帶有標記的一顆才是鑽石。將這 10 顆鑽石圍成一圈，由大家輪流按規則挑選，即任選一顆為起點，接著按照順時針的方向數，數到 17 的時候這顆就被淘汰，以此類推，繼續數下去，直到最後只剩下一顆，誰得到真鑽石，這個人就可以做皇位的繼承人。

假如你是皇子，你該怎麼數才可以做皇位的繼承人呢？

A

這個遊戲有一個規律：無論從哪一顆鑽石開始數起，每次拿走第 17 顆，最後剩下來的，必定是最初開始數的第三顆鑽石。因此可以以真鑽石為起點，逆時針數到第三顆鑽石，然後以這個鑽石為起點，按照國王定下的規則數下去，最後剩下的就是真鑽石。

Q109 盜墓者與珠寶箱

盜墓者在山洞裡發現了兩個箱子和一封信。信上說：「兩個箱子其中之一裝滿了珠寶，另一個中裝有機關。如果你夠聰明，按照箱子上的提示就能找到打開的方法。」

這時盜墓者看到兩個箱子上都有一張紙條：

第一個箱子上寫著：「另一個箱子上的紙條是真的，珠寶在這個箱子裡。」

第二個箱子上寫著：「另一個箱子上的話是假的，珠寶在另一個箱子裡。」

A

打開第二個箱子。

如果第一個箱子的話是真的，那麼第二個箱子的話也就是真的，這自相矛盾。由此可判斷第一個箱子的話是假的。

第一個箱子上的話有 3 種可能：前半部分是假的，後半部分是假的，都是假的。如果前半部分是假的，珠寶在第一個箱子裡，並且，第二個箱子上的話是假的。

這時，根據第二個箱子的判斷，珠寶在第二個箱子裡，這和上面的判斷衝突。如果後半部分是假的，那麼，珠寶在另一個箱子裡，並且第二個箱子上的話是真的，可以判斷珠寶在第二個箱子裡，這也是矛盾的。

所以，第一個箱子上的話都是假的，這時，珠寶在第二個箱子裡，並且第二個箱子裡的話是假的。根據第二個箱子的判斷，珠寶在第二個箱子裡。

Q110 小畫家

愛麗、瑪麗、蘇姍、露西4個人非常想做畫家,她們每個人臨摹了一幅名畫,分別是《蒙娜麗莎》和《最後的晚餐》。

臨摹完成後,她們分別將自己手中的畫交給其中一個人,又從別人手裡得到畫,這樣多次循環,每個人一幅畫,又拿到自己畫的有一個人。

現在只知道露西畫的是《最後的晚餐》,愛麗拿著的是《蒙娜麗莎》,拿著愛麗的畫的人,既不是愛麗也不是露西,愛麗和瑪麗臨摹了同一幅畫,蘇姍和露西拿著同幅臨摹的畫。

請問:她們各自臨摹了哪幅畫,交換後拿著的又是哪幅畫呢?

A

4個人中,只有一個人的畫回到自己那裡,所以循環的形式只能是「Q(開始位置)」「X-Y」「Y-Z」「Z-X」(即使存在「X-Y」「Y-X」的情況,那麼 Z 的畫也會循環到她的手裡)。

根據條件可知,因為愛麗沒有拿著自己的畫,所以愛麗不是 Q。那麼,假設愛麗是 X,根據題目可知:愛麗 -YY-ZZ- 愛麗(蒙娜麗莎)

根據條件可知,Y 不是露西,Z 也不是露西,所以 Q 是露西。露西在循環後拿到了自己的畫「最後的晚餐」。

蘇姍拿著「最後的晚餐」,從上面的分析可知,蘇姍是從愛麗或者瑪麗那裡得到了畫,所以愛麗和瑪麗畫的是「最後的晚餐」。所以畫「蒙娜麗莎」的 z 是蘇姍,Y 是瑪麗。

Q111 火中逃生

美國有一種火災救生器，就是在滑輪兩邊用繩索吊著兩個大籃子，把一個籃子放下去的時候，另一個籃子就會升上來。如果在其中的一個籃子裡放一件東西作為平衡物，則另一個較重的物體就可以放在另外的籃子裡往下送。

假如一隻籃子空著，另一隻籃子裡放的東西不超過 30 磅，則下降時可保證安全。假如兩隻籃子裡都放著重物，則它們的重量之差也不得超過 30 磅。

一天夜裡，維尼的家突然發生火災。除了重 90 磅的維尼和重 210 磅的妻子之外，他們還有一個重 30 磅的孩子和一隻重 60 磅的寵物狗。現在知道每只籃子都大得足以裝進 3 個人和一隻狗，但別的東西都不能放在籃子裡。而且狗和孩子如果沒有維尼或他的妻子的幫助，自己不會爬進或爬出籃子。

你能想出好辦法儘快使這 3 個人和一隻狗安全地從火中逃生嗎？

A

維尼、他的妻子、孩子與狗可以以下列順序逃生：

降下孩子→降下小狗，升上孩子→降下威尼，升上小狗→降下孩子→降下小狗，升上孩子→降下孩子→降下妻子，升上其他人及狗→降下孩子→降下小狗，升上孩子→降下孩子→降下威尼，升上小狗→降下小狗，升上孩子→降下孩子。

Q112 哪個溫度低

冬天的時候，室外有一塊鐵和一塊木頭。它們哪個溫度低呢？

A 說：「溫度一樣的。」

B 說：「摸上去鐵冷一些，應該鐵溫度低。」

誰說的對呢？

A

A 說的對。在夏天，把鐵和木頭同樣在外面暴曬的話，肯定是鐵比木頭要摸起來燙手。這是因為鐵是金屬，易於導電導熱。當你的手和鐵的溫度不一樣的時候，熱量很容易從溫度高的地方傳到溫度低的地方，所以鐵就摸起來夏天更熱、冬天更冷。木頭的結構疏鬆，內部有很多氣孔，像棉襖一樣，溫度不易傳遞。

Q113 嗜酒如命的先生

有 5 個嗜酒如命的人，他們的綽號分別是「威士忌」、「雞尾酒」、「茅臺」、「伏特加」和「白蘭地」。

某年耶誕節，他們之中的每一個人都向其他 4 個人中的某一個人贈送了一瓶酒：

（1）沒有兩個人贈送的是相同的禮品；

（2）每一件禮品，都是他們中某個人的綽號所表示的酒；

（3）沒有人贈送或收到的禮品是他自己的綽號所表示的酒；

（4）「茅臺」送給「白蘭地」的是雞尾酒；

（5）收到白蘭地酒的先生把威士忌送給了「茅臺」先生；

（6）其綽號和「雞尾酒」先生所送的禮品名稱相同的先生，把自己的禮品送給了「威士忌」先生。

請問：「雞尾酒」先生收到的禮品是誰送的？

A

「雞尾酒」先生收到的禮品是「威士忌」先生送的茅臺。「茅臺」先生送給「白蘭地」先生雞尾酒；「白蘭地」先生送給「威士忌」先生伏特加；「雞尾酒」先生送給「伏特加」先生白蘭地；「伏特加」先生送給「茅臺」先生威士忌。

Q114 糟糕的物流公司

一家大集團致電歐洲供應商要求訂一批半導體材料，這家大集團非常精確地指定交貨日期。但是，信譽良好的歐洲供應商每一批貨物交貨日期都至少有一個月的誤差，有些貨物太早送到，有些貨物卻遲交。矽谷大集團打電話質問其原因，歐洲供應商說他們的貨物都是由物流公司經營的，物流公司卻說他們也是按照合同上的時間按時送達的。那麼問題出在哪一個環節呢？

A

問題出在日期的書寫方式不同。美國公司用的日期格式是月／日／年，歐洲供應商用的日期格式是日／月／年，比如，美國公司要求的是 2004 年 7 月 5 日送貨，就表示為 7/5/04，而歐洲供應商就會把 7/5/04 的貨物在 5 月 7 日送達。

Q115 會說話的指示牌

籃球場、健身房和足球場是從教室通往宿舍的三個路過地點。一天，新生琪琪來到籃球場，看到一個指示牌，上面寫著：「到健身房400米／到足球場700米」。她很受鼓舞繼續往前走。

但當她走到健身房時，發現這裡的指示牌上寫著：「到籃球場200米／到足球場300米」。聰明的她知道肯定哪裡出了問題，因為兩個指示牌有矛盾的地方。

她繼續朝前走，不久到達足球場，這裡的路標上寫著：「到健身房400米／到籃球場700米」。琪琪感到困惑不解，她順便詢問一個過路的老師。老師告訴她，沿途的這三個指示牌，其中一個寫的都是假話，另一個寫的都是真話，剩下的那一個寫的一半是假話，一半是真話。

你能指出哪塊指示牌寫的都是真話，哪塊指示牌寫的都是假話，哪塊指示牌寫的一半是真話，一半是假話嗎？

A

足球場的指示牌上都是真話；健身房的指示牌上都是假話；籃球場的指示牌上一句是真話，一句是假話。

Q116 巧取金幣

把一枚金幣用布包住，並將方巾的四角往戒指的環裡塞，然後請四個人各拉住一個角，把方巾拉平，讓金幣掉不下來。如果就這樣不放手，想取出金幣的話，要怎樣做才好呢？當然，你不可以切斷或弄壞方巾和戒指。

A

可以用手輕輕抓住外面金幣，並一面把方巾弄鬆，一面將金幣移往方巾的邊緣，即可以取出金幣。

Q117 弄巧成拙

在酷熱、無風的茫茫大海之中，有一艘帆船幾乎呈現完全靜止的狀態—— 獨自搖著帆船出遊的小豬，這時也已精疲力竭了。

突然，小豬靈機一動，便在帆船後方甲板上架設一個大型送風機，再利用發電機來驅動風扇，讓大風一直往帆的方向吹送。試問，在如此情況之下，這艘帆船會產生怎樣的變化？

A、向前行

B、向後跑

C、原地不動。

A

B、向後跑。

理論上，送風機本身的推進力和帆的受力會一正一負抵消掉，使船原地不動才對。但在實際上，我們必須考慮送出去的風在到達帆之前，因空氣漩渦和摩擦力所造成的力量損失，換言之，絕對有部分的風是吹到別的地方去的，這樣，帆的受力相對小於送風機的推進力，必然會使整艘船往後跑。

哈佛金頭腦——如何激發IQ玩出高智商

作者：談旭
發行人：陳曉林
出版所：風雲時代出版股份有限公司
地址：10576台北市民生東路五段178號7樓之3
電話：(02) 2756-0949
傳真：(02) 2765-3799
執行主編：朱墨菲
美術設計：吳宗潔
行銷企劃：邱琮傑、張慧卿、林安莉
業務總監：張瑋鳳

初版日期：2017年12月
版權授權：馬峰
ISBN ：978-986-352-424-3

風雲書網：http://www.eastbooks.com.tw
官方部落格：http://eastbooks.pixnet.net/blog
Facebook：http://www.facebook.com/h7560949
E-mail：h7560949@ms15.hinet.net
劃撥帳號：12043291
戶名：風雲時代出版股份有限公司

風雲發行所：33373桃園市龜山區公西村2鄰復興街304巷96號
電話：(03) 318-1378
傳真：(03) 318-1378
法律顧問：永然法律事務所 李永然律師
　　　　　北辰著作權事務所 蕭雄淋律師

行政院新聞局局版台業字第3595號 營利事業統一編號22759935

定價：280元　　　凸　**版權所有　翻印必究**

國家圖書館出版品預行編目資料

哈佛金頭腦——如何激發IQ玩出高智商 / 談旭 著. --
初版. -- 臺北市：風雲時代，2017.11- 冊；公分
　ISBN 978-986-352-424-3（平裝）
　1.益智遊戲

997　　　　　　　　　　　　　　　106018227